De gezonde roker

ISBN 90 6801 650 4
Nugi-code 351

Foto omslag: Dave Gray
Ontwerp omslag: Marion Rosendahl
Zetwerk: Nyvonco, Heerhugowaard

De hier afgedrukte stukjes verschenen eerder in *Nieuwe Revu, Penthouse* en op de website *De Gezonde Roker*, www.theovangogh.nl.

Theo van Gogh

De gezonde roker

de
Prom

Het Toespraakje Dat Niet Mocht Worden Uitgesproken

(geschreven op verzoek bij gelegenheid
van de opening van Van Goghs nieuwe vleugel)

Majesteit!

Als wij de cultus van het Gouden Oor - de eredienst van commercie en kunstliefhebbers voor mijn achteroom Vincent - in ogenschouw nemen, valt allereerst op dat de wereld van nu een zekere dweepzucht aan de dag legt voor de niet-verkopende artiest van toen. 't Is net of de dames en heren met terugwerkende kracht hun schuldgevoel voor alle over het hoofd geziene kunstenaars in één klap goed willen maken. Dat levert kostelijke taferelen op zoals dit hier, nu U naar iemand moet luisteren wiens enige verdienste hieruit bestaat dat zijn achternaam dezelfde is als die van het feestvarken dat met deze nieuwe vleugel in de bloemetjes wordt gezet. Ik denk dat als Van Gogh de schilder nog zou leven, hij dat hele gedoe nogal bespottelijk zou vinden, afgezien nog hiervan dat ie van nature weinig op had met bovenons-gestelden als U, de staatssecretaris, de directeur van het museum of wat hier verder nog aan gewichtigs rondloopt. 't Is de ironie van het lot dat uitgerekend Vincent een van de voornaamste troetelkinderen is geworden van de business van het Gevoel, een icoon tegen wil en dank.

Als achterneef heb ik altijd met een zekere afkeer kennis genomen van Vincents humanistische predikingen, zijn bloedend hart in de brieven, omdat ik geloofde dat iemand die zichzelf zo serieus neemt als hij deed, minder bevattelijk is voor de knipoog naar zichzelf die het leven zo veel draaglijker maakt. Maar misschien kan grote kunst alleen geboren worden uit een zieltje dat zichzelf serieus neemt.

Mijn familie heeft uit de goedheid van haar sociaaldemocratische hart gemeend een verzameling van driehonderd schilderijen en zeshonderd tekeningen weg te moeten geven aan de Staat der Nederlanden onder het motto: '*Dan heeft iedereen er wat aan, dan kan iedereen ervan genieten.*' Een tragisch misverstand, wat mij betreft. De geschatte waarde van de verzameling is nu zo'n zes miljard gulden, zo ongeveer wat Uw familie in haar spaarpot heeft, en ik mag mij dus met recht het laatste slachtoffer van de sociaaldemocratie noemen.

Een tragisch misverstand, zei ik net, dat voor mij extra reliëf krijgt als de jaarlijkse blauwe enveloppen binnenkomen en ik weer geld moet overmaken, onder andere om de sympathieke poppenkast van Uw monarchie in stand te houden. Ik begrijp niks van mijn familie, want per saldo hadden wij hier toch bijeen kunnen zitten als de doekjes in bruikleen waren gegeven. Nu ja, zo is overal wat en misschien denkt U nog wel eens aan die dag dat Uw vader en moeder zich onder de welluidende klanken van het Horst Wessel-lied verloofden, op weg naar hun eerste dochter.

Waar 't om gaat is dat over schoonheid niet te veel te babbelen valt. 't Is mooi dat deze vleugel er is, want goed voor het toerisme van de stad Amsterdam. En overigens geloof ik dat U als Majesteit die van kunst houdt, dadelijk vast met een oprechte glimlach het lint gaat doorknippen. U bent net zomin te benijden als Vincent dat was, en daarom neem ik graag mijn ongeziene petje voor U af.

Laat duizend champagnekurken knallen!

(W.G.C. Mijnssen 1941 - 1999)

Sinds Sonja Barend niet meer dat schelpje in haar oor draagt waardoor Ellen Blazer haar vraagjes kan influisteren, mis ik de gedrevenheid van de ontketende gelovigen van het antidiscriminatiefront. Mevrouw Barend diende destijds de klacht in waardoor ik negeneneenhalf jaar lang voor de rechter moest komen om mezelf te verdedigen tegen de beschuldiging 'een volksdeel' beledigd te hebben, dat wil zeggen het joodse, naar aanleiding van een beschouwing over het gebabbel van Leon de Winter. En hoewel uiteindelijk definitieve vrijspraak volgde, verwonder ik me tot de dag van vandaag over de juridische achtervolging die het Openbaar Ministerie jarenlang inzette jegens mijn persoontje. Zo werd ik in den beginne zowel voor de kanton- als de arrondissementsrechtbank vrijgesproken en was 't toch waarlijk geen gewoonte voor het OM om in zaken van Vrije Meningsuiting star vol te houden terwijl de rechters haar aanklacht verwierpen. Jurisprudentie leert dat in voorkomende gevallen ontslag van rechtsvervolging regel is. Maar formeel gesproken kan het OM natuurlijk doorgaan tot sint-juttemis, tot drie keer toe voor de Hoge Raad bijvoorbeeld.

Het fanatisme van het OM kwam bij meester Mijnssen vandaan, Officier belast met discriminatiezaken. Dit werd me pas goed duidelijk toen ik Mijnssen na afloop van de zoveelste zitting '*Tevreden*?' hoorde vragen aan de heer Richard Stein van de STIBA, een van de zelfbenoemde pleitbezorgers van mijn veroordelingen. 't Leek mij nogal ongebruikelijk dat het OM zich zo in het stof wentelde voor een gebrekkig Nederlands sprekende meneer van Amerikaanse afkomst die vooropliep bij het gepeupel dat *Het Vuil, de Stad & de Dood* wilde verbieden en al helemaal niet in staat bleek de subtiliteiten in mijn tekst op juiste waarde te schatten. Maar Mijnssen ging jaren door, op verzoek van de STIBA.

Mijn veroordelingen stonden op de voorpagina van *NRC Handelsblad* en richtten veel meer schade aan dan de opgelegde boete. Mijn vrijspraken kwamen op pagina zeven links onderaan, dat spreekt. En hoewel je je wel eens afvroeg welk groter belang dan de carrière van meester Mijnssen met dit alles gemoeid was, kreeg de hele kermis iets kafkaësks; de beschuldiging bleef maar terugkomen.

Mijnssen kreeg z'n promotie ondanks mijn uiteindelijke vrijspraak, en dat gunde ik hem van harte, getuige een stukje in *HP/De Tijd* van mijn hand waarin meneer als 'de domste hondenkop' van Den Haag werd begroet. Toen mocht ik het genoegen smaken mevrouw Mijnssen aan de lijn te krijgen, die verontwaardigd was over 'deze minne kwalificatie'. Ik probeerde mevrouw uit te leggen dat als antisemiet te worden gebrandmerkt op grond van een onterechte, met juridisch kunst- en vliegwerk in elkaar gezette beschuldiging, toch ook niet prettig was, maar het wezen was onvermurwbaar. 'Ik vind wat U schrijft schandelijk. Mijn man heeft daar last van. Hoe durft U te twijfelen aan zijn integriteit?'

Tja... Vandaag lees ik in *Het Parool* een ronkende necrologie over Mijnssen, die voortaan in zijn graf het fascisme van de zwaartekracht mag gaan aanklagen. Wie wil weten hoe een rechtssysteem misbruikt kan worden in handen van schuimbekkende carrièremakers, zou voor de aardigheid 'ns de loopbaan van deze Willem Godfridus Cornelius aan een studie moeten onderwerpen. Van het Derde Rijk tot aan de Nederlandse jaren tachtig, strebers blijven strebers.

Thans tintelt de champagne feestelijk en heb ik geproost op meneers gezondheid.

Ik spreek de hoop uit dat - mocht er een hel zijn - meester Mijnssen nog maar lang zal branden. Nu mevrouw Barend nog.

De eufemismen van *de Volkskrant*

Aan: Pieter Broertjes, hoofdredacteur van *de Volkskrant*
Van: Theo van Gogh

oktober 1999

Geachte heer Broertjes,

Een paar weken geleden verscheen op Uw fletse mediapagina 'Stroom' een beschouwing over het soort televisie waaronder *Hoe hoort het eigenlijk?* gerangschikt zou kunnen worden. De presentatoren van dat programma, Menno Buch en ondergetekende, werden uiteraard opgevoerd als slechte mensen. En zo hoort 't ook, want waar zouden wij heen gaan in deze wereld als het parochieblad van de politiek-correcte gemeente lovend zou schrijven over Buch en Van Gogh?

Uw employé had mij vooraf zenuwachtig giechelend gebeld om commentaar en toen ik haar pennenvrucht las, begreep ik waarom. Zij citeerde me tijdens een ontmoeting bij de aflevering van *Hoe hoort het eigenlijk?* waarin wij een wakkere zuster van *Opzij* ontmoetten: 'Vrouwen eh... moeten verkracht worden...' 'mompelend' aldus *de Volkskrant.*

Ik keek de band terug en vernam uit eigen mond: 'De zachte krachten zullen overwinnen'. Nu kan 't natuurlijk dat Veronica iets anders uitzendt dan wat wij aanleveren, maar vooralsnog hou ik 't erop dat Uw gans nooit gehoord heeft van de door mij aangehaalde dichteres Henriëtte Roland Holst en me daarom maar iets in de mond legt wat haar te pas komt.

Enfin, ik zond een vriendelijk ingezonden briefje waarin ik uitlegde dat journalistiek een moeilijk vak is en correct citeren al evenzeer. Ik was benieuwd of mijn kattebel Uw kolommen zou halen.

Vandaag ontving ik van mevrouw Yvonne Gnirrep die namens U de ingezonden brievenrubriek bestiert het volgende bericht, gedateerd 18 november 1999, dat wil zeggen, vier weken nadat ik Uw krant schreef.

de Volkskrant

Geachte lezer,

Uw brief ontvingen wij in goede orde.

Wij hebben Uw reactie direct gereedgemaakt voor publicatie in de krant. Door een nijpend ruimtegebrek en een groot aanbod is het ons echter niet gelukt uw brief te plaatsen. Wij ontvangen wekelijks een paar honderd brieven en kunnen daarvan maar enkele tientallen plaatsen in Geachte Redactie en op de U-pagina.

Tot op de dag van vandaag haalde uw brief de kolommen niet.

Wij vinden het nu te laat deze nog te plaatsen.

Wij betreuren deze gang van zaken. Misschien volgende keer beter.

Met vriendelijke groet,

Yvonne Gnirrep
redactie *de Volkskrant*

’t Stemt natuurlijk dankbaar dat U en de Uwen deze gang van zaken ‘betreuren’.

Toch zou je ook kunnen zeggen dat ’t hier een geval van karaktermoord betreft.

Nu begrijp ik heel goed dat men in een milieu waar de geweldenaar Michaël Zeeman zijn handjes onder applaus wapperen laat, niet opkijkt van een aanranding meer of minder. Wie ben ik om anderen hun hobby te ontzeggen?

Maar persoonlijk stel ik er prijs op niet als propagandist van verkrachting te worden opgevoerd als daartoe door mij geen aanleiding is gegeven. Zou U alsnog plaatsing van mijn geval kunnen overwegen, al was 't maar om misverstanden bij Uw wakkere lezers te voorkomen?

Betreffende: het lijk in Uw kast

Aan: Pieter Broertjes, hoofdredacteur van *de Volkskrant*
Van: Theo van Gogh

Amsterdam, 4 december 1999

Geachte heer Broertjes,

Gezien Uw doortastende optreden deze week kan ik me voorstellen dat U geen tijd had om zich te verdiepen in mijn simpele verzoek, twee weken terug, een ingezonden brief te plaatsen. Wat wilde het geval?

Een medewerkster van Uw katern 'Stroom' had een kritisch bedoelde beschouwing geschreven over het Veronica tv-programma *Hoe hoort het eigenlijk?* Ondergetekende en Menno Buch gingen in de gewraakte aflevering op bezoek bij de redactie van *Opzij* omdat wij antwoord wilden op de vraag: vrouwen aan de macht? Ter redactie riep ik vrolijk: 'Ik ben voor de vrouwelijke krachten. De zachte krachten zullen overwinnen.'

De nietsvermoedende *Volkskrant*-lezer mocht uit mijn mond 'mompelend' geciteerd lezen: 'Vrouwen moeten verkracht worden.' Onze geliefde vorstin heeft U deze week nog zo helder uitgelegd - 'De leugen regeert' in de vaderlandse kranten -, al mocht ik hier aanvankelijk geen kennis van nemen in Uw kolommen. Enfin, ik stuurde een ingezonden briefje naar *de Volkskrant* waarin ik schreef wat ik werkelijk gezegd had. Wat Uw scribente in de adelaarsvlucht van haar verbeelding meende te hebben vernomen, doet meer vermoeden dat we hier te maken hebben met de wens die vader van een gedachte is. Ik mag in vele harten een lichtje ontsteken.

Drie weken later kwam er een ietwat jolig briefje van Uw medewerkster mevrouw Gnirrep, die namens *de Volkskrant* meldde dat mijn kattebel niet geplaatst kon worden, dus: 'Volgende keer beter.' Jawel, maar 't betrof hier niet mijn onmisbare oordeel over de Hogesnelheidslijn, meer een eenvoudig geval van karaktermoord naar aanleiding van iets dat ik niet gezegd had.

Daarover schreef ik U, en daarover heb ik tot op heden niets mogen vernemen.

Mijn verzoek was heel eenvoudig: 'Vindt U 't toch niet redelijk dat mijn briefje alsnog geplaatst wordt?'

U meent blijkbaar van niet.

In *Vrij Nederland* mocht ik lezen dat Uw redactie al weken zit te wachten op een VHS-bandje van de betreffende uitzending. Daarmee werd tussen de regels door gesuggereerd dat ik iets te verbergen zou hebben. Het eigenaardige is dat Uw medewerkster zo'n twee maanden geleden al de betreffende tape opgestuurd heeft gekregen van Veronica. Enig doorvragen leert dat mevrouw het geval kwijt is.

Dat is nu heel verdrietig. Maar, in alle redelijkheid, wat heb ik er eigenlijk mee te maken? Ik ben natuurlijk geen kenner van Uw dynamische journalistieke principes, maar mag toch aannemen dat wanneer *de Volkskrant* Theo van Gogh in de mond legt dat vrouwen verkracht dienen te worden, Uw wakkere verslaggeefster gezien de verstrekkendheid van zo'n uitspraak voor een en ander het bewijs aan haar eindredacteur voorlegt? Nu ja, ik had al eerder de indruk dat bij 'Stroom' een juiste vermelding van de feiten geen prioriteit heeft.

Mijn vraag aan U is: wat te doen?

Meent U werkelijk dat ík maar voor het bandje heb te zorgen?

In sommige akelige dictaturen is de aangeklaagde schuldig zolang hij zijn onschuld niet kan bewijzen, maar in het paradijs dat *de Volkskrant* voor ons allen in petto heeft, kan het wegraken van een bandje toch niet als reden gelden om iemand van onbesproken reputatie met pek en veren te overladen?

Gezien mijn goede naam hecht ik er waarde aan dat de

Volkskrant-lezer kennis kan nemen van wat ik werkelijk gezegd heb. Ik verzocht daarom mijn briefje te plaatsen. Dat kan dus blijkbaar niet.

Is het Uw bedoeling dat ik naar de rechter stap om bij kort geding te eisen dat Uw krant overgaat tot rectificatie en een schadevergoeding van één gulden, te storten op het Michaël Zeeman-fonds voor gevallen vrouwtjes (postgiro 3151174)?

Ik hou niet van rechters en sterke armen om m'n recht te krijgen.

Ik doe liever een beroep op Uw redelijkheid.

Ik vermoed dat zelfs *de Volkskrant* niet onnozel genoeg is om te verwachten dat ik het moede hoofd zomaar in de schoot leg. Om met Heere Heeresma te spreken: 'Men kan over mij lopen, maar niet hele marsen.' Of meent U inderdaad dat ik, als gesmade partij, over moet gaan tot de orde van de dag? Gezien de vorstelijke inzichten die U over de omgang van het journaille met Majesteit ontvouwde, kan ik me zulks niet voorstellen. Ik ben maar een eenvoudig onderdaan, en toch...

Maar ik kan me natuurlijk vergissen.

Aangezien *de Volkskrant* bitter weinig moeite heeft genomen om het juiste citaat te achterhalen, stel ik voor dat U óf rectificeert óf een schrijven van mijn advocaat tegemoetziet. Dat laatste zou mij somber stemmen, want ik meen dat een zichzelf respecterend dagblad correct hoort te citeren, of 't nu Hare Majesteit betreft of mijn persoontje.

Ik heb m'n best gedaan dit akkefietje met een ingezonden brief af te doen, maar het gebrek aan fatsoen dat bij Uw krant blijkbaar de norm is noopt me nu iets meer te vragen. U zult daar alle begrip voor hebben.

Ik blijf bijzonder geïnteresseerd in Uw moedige optredens ten overstaan van Majesteit en zie vol verwachting uit naar Uw antwoord op mijn tweede briefje.

Met vriendelijke groet,
Theo van Gogh

7 december 1999

Abuis

In het katern *Stroom* van 22 oktober jl. is Veronica-programmamaker Theo van Gogh foutief geciteerd. In zijn programma *Hoe hoort 't eigenlijk?* zei Van Gogh ter redactie van het weekblad *Opzij* niet: 'Vrouwen verkrachten, uh, ik bedoel zachte krachten van vrouwen.' Het correcte citaat luidde: 'Ik ben voor de vrouwelijke krachten. De zachte krachten zullen overwinnen.' *De Volkskrant* biedt hierbij Van Gogh haar welgemeende excuses aan.

De koosjere varkenshoedster

In *de Volkskrant* stond verleden week dat ik ook figuurlijk gesproken niet koosjer ben. Dit vonnis werd gewezen door Annet Bleich, de moeder Teresa van ons stalinistische erfgoed.

Mevrouw Bleich is een oude vriendin in wier vochtigste dromen ik fungeer als vorm van heimwee naar de jaren dat we 'strijdbaar' de straat opgingen om in dienst van een vreemde mogendheid tegen de atoomparaplu van onze Amerikaanse bevrijders te demonstreren. De CPN droeg als ideaal in haar vaandel 'de dictatuur van het proletariaat', bepleitte zonder 't altijd hardop uit te spreken het concentratiekamp voor mensen met een afwijkende mening. Het grappige is dat gelovigen als mevrouw Bleich altijd de mond vol hebben van '*het herlevend faksisme*' en nog steeds als het ware met een toeter de vijanden van het volk te lijf willen. Om in mevrouws jargon van vroeger te blijven: zij richt haar pijlen 'in dienst van de geschiedenis'.

Je zou kunnen zeggen dat iemand die zolang bezweken is voor de totalitaire verleiding liever enige bescheidenheid aan den dag legde als ze anderen nagelt in de vodden van het Kwaad. Maar het aplomb waarmee mevrouw Bleich de wereld nog steeds in goed en fout verdeelt heeft iets vertederends.

Lang geleden ontmoette ik in de trein naar Groningen een meneer met grijze manen en een strik, die na ampele overweging bekende in zijn jonge jaren dirigent te zijn geweest bij een orkest dat vanaf 1940 optrad voor de SS in Polen. En hij vertelde me hoe in het vooroorlogse Groningen de meisjes 'wild' werden als ze kwamen luisteren naar 'negermuziek'. 'Negers zijn een minderwaardig ras, maar dat mag je niet meer zeggen.'

Ik kon m'n ogen niet van 'm afhouden en zo is 't krek eender met mevrouw. 't Blijft natuurlijk een hele eer om als haar steen des aanstoots door de wereld te moeten en ik vraag me af: verdienen niet-koosjeren wel te leven? Ik was geloof ik veertien toen op een hete zomeravond plotseling een zekere heer Piementel bij mijn ouders op bezoek kwam. In de oorlog was meneer in Duits uniform gehuld de Hollandsche Schouwburg binnengegaan om zijn verloofde van transport te redden; was later 'geholpen' door de broer van m'n vader, die een en ander in april '45 had moeten bekopen met de kogel; maakte zich thans verdienstelijk door te knutselen aan de Israëlische atoombom.

Er vielen gewijde stiltes, tranen biggelden, de ontroering bleek onontkoombaar en er was telkens sprake van 'de moffen'. Toen meneer Piementel zich die avond in de slaapkamer van m'n ouders terugtrok en zijn piemel te voorschijn haalde om mijn moeder nog wat fijne kneepjes van de Illegaliteit bij te brengen, waarna zij zich tamelijk luidruchtig aan hem bekende, leerde ik dat oorlog ook 't mooiste in mensen bovenbrengt.

''t Is jammer dat ze vergeten zijn meneer Piementel te vergassen,' mijmerde ik tegen m'n vader, die er wat verslagen bijzat.

'Zo mag je niet denken.'

Mijn vader had gelijk. Zo komt 't dat ik altijd weer diep onder de indruk ben als mevrouw Bleich het woord 'koosjer' tegen me in stelling brengt.

Altijd zomer

Iedere keer als mijn voorkeurstem naar deze of gene gaat, is dat het einde van een carrière. Zo heb ik op Anne Lize van der Stoel gestemd, in de overtuiging dat 't al erg genoeg is om de VVD te moeten steunen. Wat moest ik met al die verkopers van gebakken lucht in de progressieve gemeente waar ik van huis uit thuishoor? Dan maar Van der Stoel, die destijds gold als 'veelbelovend'; dé representante van de Amsterdamse vleugel, nu eenmaal liberaler dan laat ons zeggen de kwebbelkutjes uit het reactionaire nest Wassenaar.

Tevergeefs: waar ik mijn steun verleen, wordt verlies geleden. Dat was al zo toen ik nog verkiezingsfilmpjes voor de PvdA maakte, dat was nog zo toen ik onlangs voor tv verklaarde dat Bolkestein de interessantste ideeënman is van het moment en wie weet een bekwame premier. Prompt zakte Bolk in de peilingen, op hopeloze achterstand van de stralende Kok, die alweer druk loopt te flirten met het CDA. Ik ben een wandelende kus des doods.

Laatst steunde ik de actie van de schrijver Voskuil die geld vroeg voor protestadvertenties tegen de manier waarop onze varkens door het leven moeten en worden afgemaakt vanwege de pest: ik maakte een geeltje over. Voskuils actie heeft het misnoegen gewekt van de grote denker Leon de Winter, die zich in *NRC Handelsblad* afvraagt waarom Nederland wél warm loopt voor varkens en niet voor de uitgemoorde moslims in Bosnië. In de schaduw van een zelfbenoemd genie dient men natuurlijk bedremmeld te zwijgen, maar omdat ik nooit zo onder de indruk ben van de pedante toon die meneer pleegt aan te slaan, noch van de kitsch waarvan De Winters oordelen zijn doortrokken, neem ik toch maar even de moeite. Waarom zou je niet mogen proberen Nederlandse varkens een dierwaardiger bestaan te bezorgen terwijl buiten jouw schuld mensen op de Balkan elkaar uitmoorden?

De Winters verontwaardiging is van dezelfde gratuite bekommernis als die van de acteur Thom Hoffman, die bij Freek de Jonge in *Zomergasten* op hoge toon in de camera vroeg: 'Waar was u in Oud-Beijerland toen de doden vielen in Srebrenica?'

Thom was namelijk wél ter plekke, met zijn kiekjestoestel toen de troepen alweer waren weggetrokken en de lijken opgeruimd. 't Is geweldig dat onze grootste kunstenaars het hart zó op de juiste plaats dragen. maar wie weet maakt mijn 25 gulden voor die varkens wel wat uit, terwijl ik op geen enkele manier invloed kan uitoefenen op wat dat stel idioten daarginds elkaar aandoet.

De Winter heeft gelijk als ie de zwarte bladzij van Dutchbat een schandaal noemt, maar ik herinner me zijn op even hoge toon geschreven smeekbedes om Nederlandse interventie. Mijn vraag, die toen door geen politicus beantwoord werd en evenmin door galmende schrijvers, luidde: hoeveel doden bent u bereid te incasseren voor vrede in voormalig Joegoslavië?

De Winter zou zich moeten afvragen: ben ik bereid mijn zoon rond z'n achttiende naar een struikroversland te sturen en z'n leven gevaar te laten lopen teneinde moslims te verdedigen die zelf ook tot massamoord overgaan als ze de kans krijgen? Als hij 'ja' zegt, beklaag ik zijn spruit en zwijg afgetroefd.

Maar tot zolang ga ik over tot de orde van de dag en spreek de hoop uit dat de grote muil van zekere moslimbeschermers ons niet zal afleiden van de rechtvaardigste aller zaken: die van de varkens.

Ik vrees de walvis niet

De Amerikanen verloren Vietnam op hun eigen televisiescherm dankzij een vrije stroom van informatie en gek genoeg hoorde je toen nooit het argument dat de beelden van die napalmoorlog niet zouden mogen worden gezien uit 'piëteit' jegens de slachtoffers. Onze doortastende minister van Landbouw gebruikte dat argument wel nu de varkentjes met honderdduizenden over de kling worden gejaagd en je moet over 'n tamelijk perverse geest beschikken om die poging tot censuur ook nog te durven verdedigen met een beroep op de 'privacy' van de dieren. Omdat er rechters zijn in dit land die de Grondwet in ere willen houden, verloor Van Aartsen en drukten alle zichzelf respecterende kranten een foto af op de voorpagina waaruit nog 'ns goed bleek hoe zacht de dood is die aan onze karbonade voorafgaat. Het ministerie van Landbouw kan tevreden zijn over zijn effectieve pr-beleid. De verschrikkelijke waarheid is dat toen in het Zuiden het komende exportverbod was uitgelekt, de meeste varkenshouders hun zieke beesten massaal de vrachtwagens indreven op weg naar het buitenland zodat er files ontstonden. 't Is niet de eerste keer dat de pest uit Brabant komt en bij zovele zegeningen verwonder ik me er geenszins over dat uitgerekend de zich liberaal noemende VVD zonder knipperen deze minister van Landbouw in ere houdt. Van Aartsen heeft zijn plek gevonden naast partijgenoot Voorhoeve van het ministerie dat geen fotorolletje kan ontwikkelen; zulke verlichte geesten kan men het breidelen van de pers wel toevertrouwen en de vraag dringt zich op wat Bolkestein eigenlijk vindt van al dit geklungel. 't Zullen je partijgenoten maar wezen.

Als er ooit een kans was om verlost te raken van de afzichtelijke Brabantse boerenstand, dan is 't nu. Maar mijn eksteroog zweert me dat het tegendeel zal gebeuren en dat het vaderland overspoeld zal worden met varkensfokkers die dankzij een sloot gemeenschapsgeld opnieuw kunnen beginnen. Ik ben hypocriet genoeg om vleeseter te blijven. Maar o Heer, verlos ons van de ambtenaren en ministers die ons vanwege de portemonnee van hun Brabantse cliëntèle het beeld willen onthouden van gestorven of stervende varkens. Ik vrees dierenbeschermers met grote vreze en deel het sentiment van de antivivisectie niet. Ik hou van bontmantels, vooral van die geschoten werden in een tijd dat mensen nog onbekommerd pief-paf-poef de jungle introkken. Wat zit heerlijker dan een orang-oetang? Wat kleedt eleganter af dan een witte zeehond? Wie zich de schuimbekkende idealisten voor ogen haalt die met een spuitbus gewapend de straat opgaan om het bont te kastijden, schenkt zijn vrouw ieder jaar een nieuwe nerts. En toch: er zit nu ene meneer Watson in de gevangenis van Lelystad die dreigt te worden uitgewezen naar Noorwegen omdat ie Noorse walvisvaarders heeft geënterd met zijn boot. Zulks lijkt mij niet terecht, ook al omdat de walvis een erectie krijgt van twee meter die maar een luttele seconde duurt en aldus een wonderbaarlijk schepsel is. Nooit werd de schepping lyrischer bezongen dan door de walvis, die melancholiek gestemd over de oceanen dobbert als prooi voor getikte Japanners en Noren. Ik ben niet gek genoeg om met een toeter op volle zee zijn wrede vervolgers op de dwalingen hunner wegen te wijzen. Maar alle cynisme ten spijt, ware 't te wensen dat de Watsons van deze wereld hun gelijk nooit achter tralies hoeven halen. Ik vrees de walvis niet.

De Onstuitbare Vooruitgang

Dat Maria Montessori een getikte kinderlokster was van wier pedagogische inzichten niets dan rampspoed en beschadiging voor de tere kinderziel valt te verwachten, hoeft niemand te verbazen. Nu het dagblad *Trouw* met een beroep op de Wet Openbaarheid Bestuur de cijfers boven water heeft gekregen waarmee de inspectie Montessorilycea vergelijkt met andere middelbare scholen die ook de Landelijke - voor iedereen gelijke - Toets moeten ondergaan, komt eens temeer de bevestiging: de beste manier om uw lieveling tot gediplomeerd onbenul op te laten leiden, is in de klauwen van Montessorileraren.

Montessorileerlingen slagen voornamelijk omdat hun betreurenswaardige resultaten bij het landelijk examen worden gecompenseerd door de negens en tienen die leraren als 'Jan Hein' of 'Davica' (bij voornaam aan te spreken) zo kwistig uitdelen na examens in huis.

Nu kan je in het algemeen zeggen dat het Nederlandse onderwijs de invoering van de mammoetwet en de aanslagen die tijdens de jaren zeventig werden uitgevoerd door de grote Roerganger Jos van Kemenade (PvdA), niet heeft overleefd. Het kabinet-Den Uyl - waarvan het land twintig jaar nodig heeft gehad om het te boven te komen - voerde spreiding van kennis hoog in het vaandel. In de praktijk komt die 'spreiding' neer op bevoordeling van wie op de rand van achterlijk verkeert ten nadele van wie uitblinkt. Een briljante studente kan dus twee jaar achtereen worden uitgeloot onder het motto: eigen schuld dikke bult, ga maar naar België.

Maar ook: geschiedenis is te moeilijk en daarom vervangen door *wereldoriëntatie*, dus geen gezever meer over - ik noem maar wat - '40-'45, maar gezellig dia's kijken over de kindertjes in Opper-Volta. Aardrijkskunde: afgeschaft. Nederlands (spellen, literatuur): afgeschaft. En zo dient zich een hele reeks van innovatieve catastrofes aan. De mentaliteit van Pol Pot, die brildragenden ervan verdacht *intellectueel* te zijn en daarom één voor één liet executeren, verschilt niet principieel van die van een mevrouw Netelenbos, al zijn de middelen van onze staatssecretaris om degenen die tot tien kunnen tellen uit te roeien natuurlijk wat beperkter.

Teneinde de algehele debilisering zo krachtig mogelijk te bevorderen, verdedigt mevrouw een beleid dat onderscheid maakt tussen kindertjes van autochtone en allochtone afkomst, waarbij ze de klassen in principe zo gróót mogelijk houdt. 't Is een feest om haar demagogische prietpraatjes uit naam van de *spreiding van kennis* aan te horen. Zal mevrouw nu op grond van de bemoedigende resultaten die uit *Trouw* naar voren komen, besluiten het Montessorionderwijs extra te gaan steunen? Regeren is vooruitzien.

Het Montessorionderwijs is bedoeld voor rijkeluiskinderen die te lui zijn om te leren. Zij bekwamen zich dus in de wondere wereld van kleien, blokfluiten, zang en dans, kortom, die van 'vrije expressie' tot in het kwadraat. En vooral niet leren lezen, natuurlijk.

Als mevrouw Montessori nu geleefd had, zou ze achter de tralies zijn gegaan wegens pedofilie en geestelijke mishandeling. Maar zoals de pest waart over de wereld en ons overlevenden slechts tot schouderophalen noopt, zo zal het ook de nagedachtenis van deze Maria vergaan. Waarna stilte en duisternis zullen heersen.

Alles moest anders

Dat ik Felix Rottenberg een aardige jongen vind, maakt 't alleen maar lastiger om erover te praten: het morele failliet van Paars. Rottenberg geldt als een 'ideeënman'. Welke precies blijft in zijn omzwachtelde taal onduidelijk, maar hij geeft je het gevoel dat zijn vinger aan de polsslag van de tijd kleeft en dat de patiënt - of die nu PvdA heet of *Het Parool* - aan Felix' zijde de toekomst met vertrouwen tegemoet mag zien. Ik doe daar niet lacherig over, integendeel.

Alleen al het overbrengen van een gevóél van verandering bij kiezer of lezer is een niet te onderschatten prestatie. Dat Rottenberg als 'adviseur' van *Het Parool* alweer een zinkend schip betreedt, siert hem in zekere zin en maakt ook nog 'ns pijnlijk duidelijk hoe weinig verstand ze hebben op de Wibautstraat van kranten maken. Toen het kabinet-Kok net geformeerd was, hing Felix aan de lijn tijdens een rechtstreekse radio-uitzending die ik presenteerde.

Rottenberg: 'Ben je blij dat Paars er komt?'

'Jawel,' zei ik. 'Vooral opgelucht.'

En ik meende 't. Eindelijk verlost van de stroperige papen en hun CDA, die bijna een eeuw de alleenheerschappij uitoefenden in onze glorieuze democratie. Maar zo naïef om te denken dat alles nu wel goed zou komen, was ik niet. Rottenberg evenmin, al was 't maar omdat partijgenoot Kok hem zojuist alle hoeken had laten zien tijdens de formatie. En toch... in mijn hart zong 't dat de republiek Amsterdam eindelijk weer eens serieus zou worden genomen in het koninkrijk. 't Gekke is, Rottenberg en Bolkestein staan wat mentaliteit betreft oneindig veel dichter bij het 'alles woelt om verandering' dat ik voorsta, dan bijvoorbeeld Kok. Onze eerste minister is een autist uit de provincie, die over geen verandering nadenkt, behalve dan over de opstapjes in zijn loopbaan. Kok straalt wantrouwen uit, 'doe maar gewoon, dan doe je al gek genoeg'.

Je kan Rottenberg veel verwijten, maar dat laatste niet, en alleen al daarom zouden ze in zijn partij - die op sterven na dood was toen hij aantrad - een monument voor hem moeten oprichten. Te vrezen valt dat op de sokkel zou staan geschreven: *Over de doden niets dan goeds.*

Het morele failliet van Paars kwam overtuigend tot uitdrukking in de vijftig miljoen die de Nederlandsche Bank voor nieuwe liften en toiletten uittrok om het Euro-partijtje van Kok en Duisenberg cachet te geven. Het cynisme en het schouderophalen dat Paars teweegbrengt - in een klimaat dat is doortrokken van schandalen en schandaaltjes, van de meineed van Sorgdrager tot de minister wiens ministerie geen fotorolletje kan ontwikkelen - brengt een geamuseerde glimlach op m'n lippen. Sukkel, denk ik, was jij nu werkelijk zo naïef dat je Felix geloofde en oprecht dacht dat er iets nieuws, iets leuks over het land zou gaan waren? Paars zal de verkiezingen winnen ook al omdat de vaderlandse pers toekijkt als een konijn in de lamp van de stroper, verlamd en tot oordelen onbevoegd. De eerlijkheid gebiedt te zeggen dat geen CDA-regering zou zijn ontsnapt met het dédain voor de kiezer waarmee Paars het land teistert. Zou Rottenberg zelf nog geloven in de door hem ooit zo naarstig geadverteerde 'veranderingsprocessen'?

Ik kan 't me niet voorstellen. En ik vraag me af of de prijs die betaald wordt voor het in stand houden van deze coalitie niet veel te hoog is. Felix, hoe corrupt moet je zijn om Paars te blijven steunen?

10.000 volt

Op tv was een documentaire waarin een Amerikaanse mevrouw uitlegde hoe groot haar opluchting was dat ze de voltrekking van de doodstraf had mogen bijwonen van de moordenaar van haar zoon en dochter. Ook haar echtgenoot was er wel bij gevaren. Ze vertelde dat papa de morgen na dit feest der gerechtigheid voor 't eerst sinds jaren rustig aan de ontbijttafel zat: '*I got my husband back*.' Mevrouw meende zeker te weten dat de moordenaar thans '*deep down*' in de hel vertoefde. De woorden 'God' en 'gerechtigheid' vielen, ook oma van negentig kwam tijdens de persconferentie uitleggen hoezeer ze genoten had van het zicht op de injecties die het vonnis voltrokken en dat haar kleinkinderen in de hemel nu rustig konden gaan slapen. 't Was, kortom, een orgie van schaamteloze wraakzucht en eens temeer bleek Amerika hét land van het Vrije Woord. Ik kreeg er een wee gevoel van, omdat ik zeker weet dat ik alles in het werk zou stellen om iemand die mijn kind vermoord had persoonlijk om zeep te helpen. En ik schaamde me tegelijkertijd: een rechtsstaat is nu juist bedoeld om bloedwraak te voorkomen.

De doodstraf voor particulieren (dus niet voor oorlogsmisdadigers) dient te allen tijde te worden afgewezen, omdat er hele pelotons onschuldige mensen het slachtoffer van zijn geworden. Naar mijn mening kunnen beter tien moordenaars ten onrechte de doodstraf niet krijgen met het voordeel dat die ene onschuldige in leven blijft, dan andersom, zoals in de VS, waar vergissingen als bedrijfsongeval worden afgedaan. Gezegd wordt dat de doodstraf goedkoper is voor de staat en nabestaanden meer genoegdoening geeft. Volgens voorstanders heeft ie een afschrikwekkender werking. Van dat laatste geloof ik niks. Moordenaars maken geen afweging tussen de strop of levenslang: ze proberen niet gepakt te worden. Als over een jaar of vijf de moordenaar van Joes Kloppenburg wegens goed gedrag weer vrij rondloopt zal ik me zeker afvragen waarom ik toch eigenlijk tegen de doodstraf ben. Datzelfde overkwam me toen bleek dat de moordenaar van sigarenhandelaar Hartman bij mij om de hoek, de trekker had overgehaald tijdens een proefverlof, twee jaar na zijn eerste moord. Maar dat Nederland een zoo is, waar straffen voor het nemen van andermans leven schandalig laag zijn en waar vanuit een verkeerde uitleg van het begrip 'tolerantie' de jaren zestig als een kankergezwel voortwoeden, ontslaat me niet van de verplichting mezelf te blijven lastigvallen met de vraag: waarom deugt de doodstraf niet?

Je kan volhouden dat een kindermoordenaar zijn recht op leven verspeeld heeft, maar op mijn beurt werp ik dan tegen: niemand krijgt z'n kind terug dankzij de doodstraf. Je kan met redenen omkleed beweren dat levenslang een gruwelijker straf is dan oog om oog, tand om tand. Mij bekruipt omgekeerd het onbehagelijke gevoel dat ik meeloei met dezelfde kudde die '*Fry Bundy*' riep en buiten de gevangenis een barbecue aanrichtte toen Ted de *serial killer* op de elektrische stoel belandde. De doodstraf vloeit voort uit het gezonde volksgevoel van Sonja Barend, uit de verontwaardiging van *De Telegraaf*, uit massale weerzin tegen 'de polletiek', uit de razernij van de zwijgende meerderheid. 't Is pijnlijk genoeg om aan jezelf te moeten toegeven dat je in niets van zulk gepeupel verschilt als 't om je eigen kind gaat. Een rechtsstaat die een moordenaar echt levenslang geeft, heeft een beschaafd alternatief voor de doodstraf. Wij niet. Misschien gun ik daarom alleen Nederland die verachtelijke mogelijkheid weer.

Pappa's mooiste

Zoals onze geweldige minister van Justitie zich tijdens de IRT-verhoren een vrachtje cocaïne niet kon herinneren - 'meineed' noem je zoiets in gewoon Nederlands -, zo is onze Winnie ook sindsdien een bron van vermaak. Mevrouw acht in al haar parmantigheid het optreden van politie en justitie in de zaak-Lancee 'niet onaanvaardbaar'. 't Is namelijk zo gesteld, vaders in onze glorieuze rechtsstaat, dat wanneer uw dochter het ongerief rond haar zeventienjarige grafkut vertaalt in een beschuldiging van 'incest', u volgens de normen van Sorgdrager prompt alle risico loopt van uw bed te worden gelicht en met een helikopter weggevlogen. Dat zou tot daar aan toe wezen als u een eerlijke kans kreeg op weerwoord: zulks zit er helaas niet in. Hoe meer uw dochter wordt bereden door de verrukkelijkste van al haar dromen, hoe minder kans u als vader hebt. Want, aldus onze geachte minister: 'Het eerste verhoor is psychologisch gezien cruciaal voor een labiel slachtoffer.' Mevrouw Sorgdrager heeft namelijk heel veel verstand van psychologie. Je zou kunnen zeggen dat sinds getuige-deskundige Wagenaar gehakt maakte van de verklaringen die het tochtige dochtertje uit Epe aan het adres van haar vader deponeerde, enige voorzichtigheid geboden zou wezen bij dat klakkeloos geloof hechten aan. Want als zulke verbeelding aan de macht komt, is een heksenproces nabij.

Persofficier J. de Valk van het Groninger politiekorps dat Lancees leven zo doortastend verwoestte, was bepaald in z'n nopjes met de bazin. 'Wij zijn niet ongelukkig met Sorgdragers conclusies.' Allicht. Zelden zal de debilisering van de Nederlandse politie laffer zijn verdedigd dan door deze bewindsvrouw, die krokodillentranen plengt in de Kamer als haar baantje onder vuur ligt en die in al haar onkunde het vleesgeworden argument is om vooral maar nooit meer D66 te stemmen. Dat mevrouw zich daarbij ook nog verschuilt achter een subtiele pornoromancier als A. Docters van Leeuwen, voorzitter van het college van procureurs-generaal, die een zogeheten 'evaluatie' van de zaak-Lancee mocht maken, toont eens temeer dat een partijgenoot op een strategische positie nooit weg is.

Mevrouw Sorgdrager 'corrupt' te noemen lijkt me te veel eer, 't is vooral dat haar verpletterende onbeduidendheid een zeker mededogen opwekt, zoals ze daar vooraan hobbelt in de kneuzenparade van Paars. Wat moet je als mondig staatsburger met zo'n carrièregans? Wie schouderophalend voorbijgaat aan de nachtmerrieachtige aspecten van de zaak-Lancee, onderschat hoe dichtbij het volksgericht is zolang we de Sorgdragers onder ons als minister tolereren.

In haar deftige, van deskundigheid doorspekte prietpraat, toont mevrouw opnieuw haar minachting voor vaders als Lancee, die de pech had een dochter te krijgen. De rechtsstaat van mevrouw Sorgdrager is een spookhuis waarin het knuppelend gepeupel van de rijksrecherche gedekt wordt door gezagsdragers die bang zijn voor hun eigen ondergeschikten.

Wee u en mij.

De Heilige Familie

Wie vindt dat de Wet voor iedereen gelijk is, moet de familie Gümüs vooral het land uitzetten. Wie meent dat genade voor recht gaat, laat ze hier. Ik ben geneigd tot het laatste, al was 't maar omdat er na uitzetting van de Gümüsjes geen illegaal aanwezige familie meer zal zijn die aandrang voelt het nieuwe vaderland te behagen met belastingafdracht en onbesproken gedrag. 't Is dus welbegrepen Nederlands eigenbelang om die impuls tot aanpassing te belonen en niet te ondergraven met een uitzetting die allang niet meer dan een dorre maatregel is naar de letter van de wet.

Dat mevrouw Schmitz - zelf getogen in het grensland van de gelijkgeslachtelijke liefde en evenzeer lid van een minderheid als Gümüs en Co - zich met een zeker fanatisme opstelt, is een interessant fenomeen. 'Ik gedraag mij aangepaster dan aangepast' lijkt haar devies en ze wordt daarmee een die-hard die vooral reactionaire *Telegraaf*-lezers aanspreekt.

Aan de andere kant vinden we in haar partij Ed van Thijn, die het vuistje heeft gebald en gedreigd de PvdA te verlaten als de Familie niet mag blijven. Omdat ik een slecht mens ben, voel ik altijd een huivering als deze idealist de passie preekt. Hij is zonder twijfel de meest incompetente burgemeester die Amsterdam ooit gehad heeft - van zijn vreugdedansjes met de kindermoordenares Winnie Mandela tot zijn schoothondjesschap bij Nordholt - en m'n eksteroog zweert dan ook dat alles waar Ed voor staat mijn diepste wantrouwen verdient. Van Thijn was in de dwangmatige behoefte om zijn zogeheten *geweten* te laten spreken, verantwoordelijk voor het beleid waarbij de Amsterdamse politie een oogje dicht deed als 't ging om illegale Turkse naaiateliers. Die groeiden en bloeiden dan ook als nergens anders. Gevolg: uitbuiting, kinderarbeid en concurrentievervalsing. Echt iets om trots op te zijn als socialist.

Van Thijns idealen zijn gegrondvest op de rokende puinhopen van de terreur die Den Uyl in de jaren zeventig nastreefde. 't Zou een zegen zijn voor de PvdA als Ed zijn woorden in geval van uitzending gestand deed. Als ik mevrouw Schmitz was, zou ik het wel weten.

In *Vrij Nederland* meldde de grote denker Brandt Corstius verleden week dat je 'eindelijk weer op de PvdA' zou kunnen stemmen als Van Thijn lijsttrekker van die club werd. Volgens meneer is de partij onder Kok 'racistisch'. Je moet er maar opkomen. Ik ben dus van de overtuiging dat de Familie moet blijven, maar makkelijk wordt 't me niet gemaakt, want met sommige medestanders heb je geen vijand meer nodig. Als de Familie zou worden uitgezet, gaat 't zeker niet om 'racisme' zoals onzindelijke babbelaars als Piet Grijs en Van Thijn suggereren.

De toekomstige Amsterdamse PvdA-lijsttrekker Van der Aa heeft een demonstratie tegen de familie Gümüs verboden met een beroep op 'de openbare orde'. Wat hebben we nog meer te vrezen van een zich noemende 'multiculturele samenleving' die geen demonstratievrijheid voor extreemrechts kan verdragen? Waarom zou het grondwettelijk vastgelegde recht op demonstratie wél gelden voor Turkse Nederlanders en niet voor autochtonen? Te vrezen valt dat de hartstocht waarmee actie vóór Gümüs wordt gevoerd alles te maken heeft met een collectieve behoefte wat vies en voos is te verdelgen.

Moeder, help, ik zit fout.

Amerika, Amerika

Waarom de Verenigde Staten van Amerika nog steeds het lichtend baken zijn in een duistere wereld, realiseerde ik me deze week weer 'ns toen ik las dat het Hooggerechtshof een wet heeft verworpen die fatsoensnormen aan internet wil opleggen. De *Communication Decency Law* verbood 'onbetamelijke' of 'duidelijk aanstootgevende' informatie aan minderjarigen, dit alles 'naar de huidige maatstaven van de samenleving'.

Het Hof meende dat bescherming van de tere kinderziel weliswaar 'legitiem' en belangrijk is, maar dat dit nooit ten koste mag gaan van het eerste amendement van de grondwet, dat het vrije woord beschermt: 'Het belang van het bevorderen van vrijheid van meningsuiting in een democratische samenleving overtreft het theoretische en onbewezen voordeel van censuur.' En de Opperrechter vatte samen: 'Met deze wet wordt het huis in brand gestoken om het varken te roosteren.'

Zijn woorden mogen ons allen tot voorbeeld strekken. Het theoretische en onbewezen voordeel van censuur wordt in de Nederlandse grondwet wél in praktijk gebracht. Dankzij de stalinist Joop Wolf (CPN) nam onze doortastende volksvertegenwoordiging een wijziging aan die discriminatie in woord en geschrift strafbaar stelt, met alle juridische gevolgen vandien. 't Hoort tot de folklore van de natie dat onze overheid allerhande functionarissen subsidieert die namens een zelfbenoemde Gedachtepolitie oproepen uw buurman aan te geven omdat ie iets onaardigs heeft gezegd over een Turk of de aambeien van uw echtgenote likt. En er is een legioen domkoppen dat onder leiding van verlichte geesten als meneer Rehwinkel (PvdA) politieke partijen wil verbieden, toneelstukken verhinderen of *Mein Kampf* uit de boekhandel verbannen. Het eigenaardige van vrije meningsuiting zoals het Hof die in Amerika verdedigt, is nu juist dat álle uitingen - in de eerste plaats onwelgevallige - beschermd worden. Ik geloof dat je als wetgever niet radicaal genoeg kunt zijn als het gaat om dit eerste en belangrijkste van alle mensenrechten.

Internet is een revolutie die alleen te vergelijken valt met de Verlichting: een stroom van informatie die ongecensureerd alle verstandige burgers dreigt te bereiken. Als u me nu vraagt of onder de door mij bezongen verworvenheden ook het recht op verspreiding van kinderporno hoort, zeg ik: 'Nee.' Tenminste, zolang kan worden aangetoond dat de kinderen in kwestie inderdaad geposeerd hebben, tegen hun wil of niet. Maar een verdorvene die uit de volheid van zijn gemoed kleuterporno wil verspreiden waarvoor niemand is misbruikt - getekend of anderszins -, mag geen strobreed in de weg worden gelegd.

Want de gedachten zijn vrij, zowel die van naziseks-liefhebbers als die van kwijlende pederasten, die van gerontofiele aanranders als die van lijkenschenners, die van Patrick Kluivert als die van Jomanda. Niemand dwingt u of mij er kennis van te nemen.

Zelden heb ik in een stukje zo de open deur ingetrapt, maar 't gekke is dat als je even doorvraagt bij de gemiddelde voorstander van 'beschermende maatregelen' en 'fatsoen', zich een afgrond van misverstanden opent. Geen censuur, geen verbod zal de onwetende mensheid tot voordeel strekken, integendeel. Alleen in de grootst mogelijke uitingsvrijheid ligt de redding van deze wereld besloten. En alleen de terroristen die internet willen vrijwaren van zondige opvattingen zijn daar bang voor.

Zielige olifant

'Marcel van Dam doet mij denken aan Adolf Eichmann, een slecht mens, maar alleen aan de buitenkant hoor en dan nog, enkel maar zoals Eichmann beschreven wordt in mijn laatste roman.' Welke halvegare is hier aan het woord?

Troost u: niemand. Het citaat is een variant met knipoog op Van Dams uitspraak in een vraaggesprek met *Vrij Nederland* lang geleden: die dook weer op tijdens zijn scheldkanonnade verleden week tegen Pim Fortuyn.

Blijkens het oorspronkelijke VN-citaat had Van Dam op dat moment nog geen hekel aan Fortuyn, die hij zonder ironie 'de professor' noemde. De roman waarvan Van Dam op dat moment zwanger leek te gaan en waarin blijkbaar alleen Pimmetjes buitenkant voorkwam - 'Net Eichmann' aldus Van Dam -, is jammer genoeg nooit verschenen. Was dat wel gebeurd, dan hadden wij met eigen ogen kunnen lezen hoe hoog eigenlijk de vlucht der gedachten is die Marcel voor ons in petto heeft. Je zou kunnen zeggen dat iemand die Eichmann gebruikt om het uiterlijk te beschrijven van een ander aan wie hij niet eens de pest heeft, wel over een heel bijzondere literaire verbeeldingskracht beschikt: of mag ik zelfs zeggen 'een gerijpt schrijverschap'? Te vrezen valt dat niet iedereen doortastend genoeg is om de nuances van Van Dams heldere redeneertrant te doorgronden. Misschien kan die andere grote denker, Sonja Barend, meneer uitnodigen voor de camera om ons Eichmann-Fortuyn nog 'ns fijn uit te leggen.

In mijn laatste, nog niet gepubliceerde roman, noteer ik de grappige inval dat mevrouw Barend mij naar voorkomen sterk doet denken aan Bloedige Brigitte, een beul uit Majdanek. Maar - uiteraard - alleen aan de buitenkant dus. 't Zou inderdaad wel heel belachelijk wezen als Sonja zulks onplezierig voorkwam. Terug naar *Tegen de islamitisering van onze cultuur*, het boekje waarover Van Dam zo kwaad werd dat ie de schrijver ervan in *Het Lagerhuis* 'buitengewoon minderwaardig' noemde. Op het gevaar af nu ook een Untermensch te zijn, vraag ik mij eerbiedig af hoe dik de stront was in Van Dams ogen toen ie het geval las? Fortuyn schrijft net zo onbeholpen als Van Dam in diens *Volkskrant*-stukjes en dat is jammer. Maar zijn uitnodiging aan onze allochtone broeders en zusters om minder verkrampt deel te nemen aan 'de Nederlandse cultuur' is lichtjaren verwijderd van het 'racisme' waarvan z'n aanklager hem beschuldigt. Zou Van Dam een paddestoel hebben genuttigd voor uitzending? Paul Witteman, met afstand de beste in het vak, stond er in gezelschap van zijn peetvader alweer voor joker bij. 't Siert de ondervrager dat ie de man die hem z'n carrière bezorgde niet in het openbaar afvalt, al heeft zijn onderdanige rol weinig meer van doen met de onafhankelijkheid die journalisten schijnen te betrachten. Ik heb wel eens zomaar gedacht dat zelfs Van Dam ongelijk zou kunnen hebben maar in de ogen van Paulus De Likkende Deurmat is dat vermoedelijk een vloek in de kerk. Men zegt dat oud geworden olifanten zich knorrig in de wildernis terugtrekken teneinde in eenzaamheid te sterven. Door een kennelijke regiefout van de Heer der Hemelen bevindt de aftakelende Van Dam zich nog steeds voor de camera. Dat gun je hem niet, want zijn aanval deed voornamelijk zielig aan. Zou Van Dam werkelijk menen wat ie tettert over Fortuyn? In dat geval is een condoleance aan de VARA nu al op z'n plaats.

Weg met ons

In de krant lees ik dat Bolkestein beticht wordt van het bespelen van 'onderbuikgevoelens'. Dat lijkt mij een groot compliment aan het adres van een politicus. Iemand als Jacques Wallage (PvdA) komt aan geen onderbuik toe omdat geen kiezer hem vertrouwt en zich liever ook niks voorstelt bij de onderbuik van deze fractievoorzitter.

Bolkestein schijnt niet te mogen zeggen dat Turkije geen aanwinst is voor de Europese Unie, want die gedachte staat haaks op het regeringsbeleid. Bolkestein heeft zich hardop afgevraagd of 't wel verstandig is een land waarvan de gedeeltelijk onontwikkelde moslimbevolking over twintig jaar verdubbeld is tot 130 miljoen, op de Europese markt toe te laten. Een begrotelijke grap en de vraag is of je Allahs paard van Troje binnen de poorten moet halen.

Waarom zou Bolkestein dat toch niet mogen zeggen?

Te vrezen valt dat de Wallages en de Rosenmöllers dezer wereld geen antwoord hebben op de simpele overwegingen van eigenbelang die Bolkestein leiden. 't Rare is dat dezelfde vooruitstrevende politici die met een vies gezicht Bolk vanaf de kansel met hun verwijt van 'demagogie' overladen, nooit bereid zijn de kiezer voor te leggen: 'Toetreding van Turkije brengt aanzienlijke risico's met zich mee. Bent u desondanks toch bereid meer belasting te betalen om toetreding van dat land te financieren?'

Ze kijken wel uit.

Toen op de voorkant van *de Volkskrant* het bericht verscheen hoe een onderzoek in Texas had uitgewezen dat kleinere klassen op de lagere school gemiddeld betere resultaten opleveren, was het ach en wee in progressieve kring niet van de lucht. Mevrouw Netelenbos, staatssecretaris van Onderwijs, had tot dan volgehouden dat die evidente uitkomst in de praktijk 'niet bewezen kan worden'. Ieder onderzoek kan worden aangewend ten bate van het eigen gelijk.

Maar wie wel 'ns in zo'n klas van 32 bloedjes heeft rondgekeken, kan zich hooguit afvragen hoe getikt je moet zijn om 'niet bewezen' te durven verdedigen. Er zijn in dit land witte autochtone en zwarte allochtone scholen. Zwarte scholen krijgen per leerling meer geld toegewezen omdat de Tweede Kamer vindt dat kinderen van buitenlandse ouders voorgetrokken mogen worden: die verkeren immers in 'een achterstandssituatie'. Zodoende zijn klassen op zwarte scholen meestal kleiner dan die op witte.

Je zou kunnen zeggen dat 't belachelijk is om kinderen achter te stellen. Maar goed, als Netelenbos in een vlaag van wroeging de kiezers wil paaien door honderd miljoen extra uit te trekken teneinde met extra schoolmeesters en lokalen klassen kleiner te maken, wie ben ik dan om als bezorgde vader een cynisch gezicht te trekken? Die honderd miljoen zou dus ten goede moeten komen aan de witte scholen, waar de klassen 't grootst zijn. Maar daar begint Netelenbos niet aan: 'Te moeilijk.' Het geld wordt gelijkelijk verdeeld over wit en zwart. 't Is fascinerend om te zien hoe met de beste bedoelingen het scheppen van flagrante ongelijkheid tot regeringsbeleid is geworden. Mevrouw Netelenbos vindt dat de ouders die hun kinderen naar een witte school sturen tweederangsburgers zijn. Misschien kunnen we inderdaad beter een provincie van Turkije worden.

De terreur der Redelijkheid

Dat de nieuwe akela van D66 'begrip' heeft voor de moslim die zijn vierde dochter laat aborteren, laat eens temeer zien hoe inspirerend het alternatief is dat zulke democraten voor ons in petto hebben. Mevrouw Borst schijnt grote 'redelijkheid' uit te stralen. Mij is dat niet opgevallen. Integendeel, ik zie wanden van steile ambitie oprijzen en afgronden van doortraptheid. Zou ik te achterdochtig zijn?

De charme van D66 is altijd geweest dat geen partij meer carrièrebelusten aantrok, die vervolgens allemaal moesten doen of politiek hun hobby is, een verstrooiing voor de vrije uren. Zelfs Laurens-Jan Brinkhorst, die in z'n mateloze ambitie meeholde in *Sterrenslag* en ook hare majesteit tot de zijne maakte - wij kunnen onszelf nu eenmaal niet feliciteren met de aangeboren goede smaak van onze vorstin -, heeft altijd de indruk gewekt dat een loopbaan voor een D66'er geen bewuste keuze is, maar iets waarvoor je gevraagd wordt op grond van veronderstelde bekwaamheden. Zo ook Borst die geen vraaggesprek voorbij laat gaan om te vertellen hoe zij in al haar nederigheid tot het lijsttrekkerschap geroepen werd en de politiek nooit 'gezocht' heeft.

Mevrouw danst zachtkens op het lijk van Wolffensperger, en dat is een mooi gezicht. Macht wordt in Nederland nooit triomfantelijk uitgedragen maar - integendeel - zuchtend aanvaard. Bolkestein zal de verkiezingen winnend verliezen als ie aankondigt eerste minister te willen worden. Mevrouw Borst - die op Volksgezondheid een minstens zo grote puinhoop nalaat als haar voorgangers - zal de verkiezingen als gedoodverfde verliezer winnen omdat ze erin slaagt 'integer' te lijken. Saai, maar geen gangster. denken de kiezers en zullen haar rijkelijk belonen.

Negen van de tien Nederlandse politici zijn hemeltergende babbelaars en ik betreur met heel mijn hart de saaiheid van ons openbare debat, dat om zeep wordt geholpen in wederzijds begrip. Ik kan me niks voorspelbaarders indenken dan de slecht gespeelde woede van Wallage die niet in één zin met Janmaat genoemd wil worden en dat vervolgens zelf als eerste doet. Boven alles wantrouw ik de redelijkheid van Kok. En ik voel een lichte huivering als ik lees dat mevrouw Sorgdrager de nieuwe lijsttrekker omarmd heeft en 'alle steun' belooft. Ik begrijp niet waarom Voorhoeve nooit met pek en veren overladen weggestuurd werd, ik geloof dat Van Aartsen ongeschikt is voor zijn ministerschap en vrees dat de koningin veel meer macht heeft dan goed voor ons zal blijken. En toch woon ik in het redelijkste land ter wereld.

Hier creperen geen mensen op straat van de honger, hier buigen de vakbonden, hier is de politie corrupt maar niet onredelijk. Ik sta met lege handen, want het ware paradijs is een lustoord voor middelmatigen die hun gebrek aan hartstocht in redelijkheid smoren: geen executiepelotons, geen concentratiekampen, geen noemenswaardige geheime politie, hooguit een minister-president die op schoot zit bij de koningin en Haar directieven buigend in ontvangst neemt.

Redelijkheid gedijt in aanwezigheid van grijze politici, niet bij hemelbestormers. Redelijkheid is de dood in de pot en wie gaapt niet bij een in *Den Haag Vandaag* 'spannend' genoemd debat? De Nederlandse politiek druilt voort in eindeloze motregen, bouwend aan de rechtvaardigste samenleving ooit door mensenhanden geschapen. Wij zullen sterven van verveling.

Eindelijk!

Het grappige is dat uitgerekend Turkije een minister voor 'mensenrechten' heeft. Nadat die hoogwaardigheidsbekleder met veel bombarie naar Den Haag was gekomen om zich te laten 'voorlichten' over het onderzoek naar de brand in de Schilderswijk - zelfs Kok leende zich voor die potsierlijke vertoning - zou je, nu de ware toedracht bekend is, een verontschuldiging verwachten voor het gebabbel dat meneer de minister toen over 'het Nederlandse racisme' ten beste gaf. Zulks zit er niet in, want Turkse politici hebben in hun eigen gecensureerde kranten altijd gelijk en geen journalist daar die 't in z'n hoofd haalt om te vragen: excellentie, is 't geen tijd om uw verontschuldigingen aan te bieden?

Een Turkse politicus heeft altijd gelijk. En Bolkestein kan niet genoeg geprezen worden voor zijn in het openbaar geventileerde scpesis aangaande het eventuele Turkse lidmaatschap van de Europese Unie: waarom zouden vrije mensen een politiestaat als adder aan de borst koesteren? Tekenend voor de verwarring der geesten in de progressieve gemeente was het geschuimbek van Wallage en Rosenmöller toen Bolk met zijn vinger naar Ankara had gewezen: 'bespeelt onderbuikgevoelens', luidde de beschuldiging. Lang leve Bolkesteins onderbuikgevoelens.

Waarom blijven de hemelbestormers van links steken in het fossiele gedachtegoed van de jaren zeventig? Waarom worden allochtonen nog altijd doodgeknuffeld?

Waarom liep Jan Pronk daags na de brand mee in de zogeheten 'stille tocht' om te suggereren dat er wel degelijk sprake was van 'een racistische aanslag'? Toen ik in de krant las dat de familie van de brandstichter hem 'smeriger dan een varken' noemde, voelde ik een zekere sympathie voor de pyromaan: je zult te midden van zulke verwanten moeten opgroeien.

Het vervelende blijft voor onze dominees van de antiracismebeweging dat er in Nederland nog steeds geen heuse aanslag is gepleegd. Op een dag zal dat veranderen - zoals in ieder grote-mensenland. En de zucht van verlichting bij alles wat zich als 'antiracist' afficheert, zal als een jubelkreet van gelovige naar gelovige gaan. Eindelijk! De Gedachtepolitie van het antidiscriminatiebureau Schiedam zal meer subsidie aanvragen. Eindelijk! Pronk zal zijn plechtigste doodbiddersgezicht trekken, maar in z'n hart juicht 't. Eindelijk!

Je zou kunnen zeggen dat die hunkering naar lijken iets misselijkmakends heeft. Maar in mijn grote mildheid snap ik heel goed dat aan-de-goeie-kant-willen-staan voorziet in een grote behoefte, ongeveer zoals vroeger de uitverkorenen met het zuiverste geweten vooraan in de kerk wilden zitten. Zou er ook een plekje in de hemel zijn voor wie, zoals ik, twijfelt aan de oprechtheid van al die massaal beleden afschuw? En mag je zeggen dat de neiging om te discrimineren - hoe verwerpelijk ook - een tamelijk menselijk trekje is? 't Gekke is, ik probeer m'n halve leven al te applaudisseren voor het circus van de gesanctioneerde antiracisten. 't Lukt maar niet, want hun onverbiddelijk gelijk sluit iedere tegenspraak uit. Hun 'positieve actie' is de enige reden waarom Janmaat stemmen trekt. Hun laarzen marcheren bij iedere demonstratie, en de vraag is of zulks als muziek in de oren dient te worden aangemerkt. Van nature wantrouw ik eensgezindheid. Wacht u voor de horde die de wereld beter wil maken. Laat ons vloeken in de kerk.

Van de prins geen kwaad

'Prins Claus kwam graag bij Boebi Brugsma op bezoek. Dan ging ie achter in de tuin zitten, in de schaduw van een oude eik en zei: "Hè, hè, nergens anders kan ik in dit land een rotmof wezen." Toen Brugsma laatst dood was, stonden buiten paparazzi vanwege Claus. Bedoeling was dat de vrienden die hun laatste groet hadden gebracht nog even bij de weduwe thuis het troostend koffiedrinken zouden voortzetten. "Ik weet de weg niet..." zei Claus. "Daar heb je toch een chauffeur voor!" riep Harry Mulisch en maakte autoritaire gebaren. Claus verstrakte, salueerde met de hand aan de slaap en sprak: "Jawohl, Herr Kommandant!" '

Aldus een aanwezige bij de uitvaart van de voormalige hoofdredacteur van de *Haagse Post.* De anekdote is te mooi om niet op te schrijven en mijn eksteroog zweert dat er weinig aan overdreven werd. Hoe 't komt mag Joost weten, maar telkens weer vermag die rotmof mijn ontembare sympathie op te roepen. Hij is de enige hotemetoot van Oranje die van innerlijke beschaving verdacht moet worden, gaat gebukt onder zijn vingerknippende gade en wankelt dankzij z'n antidepressiva voorwaarts als een robot in wiens rug de batterijen langzaam leeglopen. Volgens Bibeb is de prins van de verkeerde kant en Willem Oltmans belegde persconferenties om het tegendeel te bewijzen. Wie zou gelijk hebben? Of moet ik zeggen: *who cares?*

Claus lijdt onder z'n vergooide leven.

Als ik m'n ogen dichtdoe, zie ik hem uit een helikopter stappen die geland is op het strand van Katwijk aan Zee ter ere van een demonstratie van de reddingsbrigade. Er staan duizenden mensen, oranje sloepen deinen in de branding, hij haalt z'n hand door een prinselijke kuif die wappert vanwege de nadraaiende propeller. Hij steekt z'n hand uit naar de burgemeester wiens ketting blinkt in de zon, de mensen klappen en applaus rolt over het strand. Hij maakt een schuchtere, verloren indruk.

Ik was misschien dertien toen de nieuwbakken prins landde en je mag dus gevoeglijk aannemen dat m'n herinnering gekleurd wordt door wat ik nu weet - hoe verdrietig Claus was, is en zal zijn. Wie weet zal blijken: nog nooit was Claus zo verzoend met z'n figurantenrol als uitgerekend die dag in de zomer van 1970.

Een geheugen verkoopt toch vooral gebakken lucht.

Maar als ik aan deze prins denk, komt ie altijd weer even voorbijwapperen als echtgenoot die zichtbaar ongemakkelijk het protocol ondergaat. En tegelijk denk ik dan aan een verdronken, naar later bleek Duits jongetje, dat diezelfde zomer aanspoelde.

Er staan mensen in een kring met hun rug naar me toe.

'Er is iemand verdronken,' zegt m'n moeder, 'kijk maar niet.'

Maar de dood is onweerstaanbaar voor iemand die Hem nog nooit gezien heeft. Ik wandel zo achteloos mogelijk naar de golven. Het lijkje moet een paar dagen in zee hebben gelegen. De kleine is misschien zes jaar geworden. Een laken wordt over een gezicht getrokken: aan sterven valt niks te begrijpen. En zo komt 't dat Claus en een verdronken jongetje op de vleugels van mijn verbeelding tot in meest platte symboliek zijn samengesmeed. Anders dan dominees en hitzangers ons willen doen geloven, luidt de vraag die iedereen 't meest zou moeten prangen: is er leven vóór de dood?

Met de dood op de hielen

De vader van Joes Kloppenburg was 'teleurgesteld' toen ie hoorde dat de moordenaar van zijn zoon acht jaar had gekregen zonder TBS. In de praktijk zal die frisse jongen over vijf jaar weer vrij rondlopen en je vraagt je af of er onder onze geweldige rechters misschien een samenzwering gaande is om de burgers aan te zetten tot eigenrichting. Hoe moet je anders je kinderen beschermen?

Bij het voorlezen van het vonnis sprak de edelachtbare de vrome wens uit dat de moordenaar 'aan zichzelf zal gaan werken'. *Het Parool* meldde dat de moordenaar telefonisch zijn misnoegen had geuit tegenover Peter R. de Vries over een eventuele TBS-verpleging met de woorden: 'Zo erg is 't toch niet wat ik gedaan heb?' Kortom, de moordenaar van Joes Kloppenburg denkt dat de hele rechterlijke macht van de ratten bezeken is, en gelijk heeft ie.

Het toenemende gevoel van onveiligheid wordt gevoed door een bij de strafmaat gehanteerd stelsel van normen en waarden dat nog stamt uit de blije jaren zeventig, toen idioten verkondigden: 'De mens is goed.' Er valt weinig te lachen als je zoon zo onverstandig was om een zwerver te hulp te snellen die in elkaar geschopt dreigde te worden en dit blijk van medeleven met de Eeuwige Jachtvelden heeft moeten bekopen. Ik zal mijn kind leren hoe onrechtvaardig 't is om zomaar te grazen te worden genomen, maar vooral ook dat ie geen vinger voor een ander in nood moet uitsteken zolang Nederlandse rechters het woord 'vergelding' uit hun overwegingen hebben geschrapt. De moordenaar van Kerwin Duinmeijer, de moordenaar van Joes Kloppenburg, ik vraag me af of 't geen aanbeveling verdient een prijs op het hoofd van zulke psychopaten te zetten. Eén Joegoslaaf, het probleem is opgelost en - anders dan de Nederlandse rechter voor ogen heeft - voorgoed. De Nederlandse rechtsstaat smeekt erom, of moet ik deftig zeggen 'daagt ertoe uit'.

Ik ben niet geneigd erg genuanceerd te doen over het vullis dat onze straten terroriseert. Misschien komt dat omdat ik iemand ken die de moordenaar van Kerwin Duinmeijer tegenkwam lang na diens vrijlating (drie jaar gezeten) en een stiletto op de keel kreeg omdat ze niet gediend was van meneers luidkeels geventileerde afkeer van haar zwarte huid. Er staan psychiaters, maatschappelijk werkers en zielzorgers klaar om iedere moordenaar in te stoppen met een deken van naastenliefde en redelijkheid. Wie achterblijft als nabestaande kan barsten en een trap na krijgen in de vorm van een vonnis dat suggereert dat het leven van je zoon nog waardelozer was dan het papier waarop deze edelambtenaren hun lachertje schreven.

Toen ik nog voor de microfoon zat bij Talk Radio, kwam op een kwaaie morgen een belster aan de lijn die huilend vertelde hoe ze, staand voor de lift in haar huis, iets of iemand hoorde schuifelen en vervolgens een krik in haar schedel geplant kreeg: geheugenverlies, spraakproblemen en voor de rest van haar leven bang, te beginnen iedere dag dat ze thuiskomt van haar werk en wachten moet op de lift naar haar verdieping. Ik maak me geen illusies hoe wreed de wereld is, maar toen de mevrouw vertelde dat ze, na aangifte te hebben gedaan, van een politieagent te horen kreeg: 'U denkt toch niet dat wij tijd hebben om zulke akkefietjes te onderzoeken', had ik 't lef niet om er een opbeurende grap over te verzinnen. Onze zogeheten rechtsstaat is een nachtmerrie en wee jou die nooit iemand pijn heeft gedaan en nog geen vlieg kwaad zou doen. De vliegen hebben de macht overgenomen.

Geen woorden maar daden

Op tv zag ik onze doortastende minister van Binnenlandse Zaken zijn sympathie betuigen aan 'Nederland bekent kleur', u weet wel, die ongevraagd namens ons allen loeiende misthoorn 'tegen discriminatie en geweld'.

't Is natuurlijk heel ontroerend dat ook de hoogste boven-ons-gestelden trappelend aan de goeie kant staan. En vooral toen de grijnzende Dijkstal in beeld onderbroken werd door een punkmeneer die het bordje 'VVD-nazi's' voor de camera hield, had ik weer helemaal in de gaten wat voor vlekkeloze samenleving ons wacht als de stoottroepen van het antiracisme Janmaat eindelijk naar het buitenland verjaagd hebben.

Dit stukje wordt geschreven op 2 april (het blad gaat deze week vroeger ter perse) en juist vandaag las ik dat meneer De G. uit Den Haag zijn eigen huis in brand heeft gestoken. Ik genoot van de verklaring die de advocaat van de verdachte uitgaf. Er was sprake van 'onhandigheid', 'een sigaretje opsteken', 'wasbenzine' en meer van zulk onschuldigs. Je moet wel heel kwaadaardig wezen om hier opzet in het spel te zien: ik weet wel beter. Toch heeft de ziekte van de achterdocht ook mij in haar tentakels, want wat was 't eerste wat ik dacht toen ik las dat meneer De G. een paar vingers mist? Z'n bommen zijn te vroeg afgegaan. Wedden dat ie ook de hand heeft in dat brandje van verleden week? En die pamfletten... Een schandelijke gedachte natuurlijk.

Ik hoop voor 'Nederland bekent kleur' dat nu eindelijk 'ns een aan extreem-rechts toegeschreven aanslag inderdaad gepleegd zal blijken door een van Janmaats trawanten... Want sinds de gloriedagen van riooljodelaar Jules Croiset wordt er voortdurend - en zeker niet goedkoop! - gewaarschuwd tegen 'het herlevend fascisme'. Maar áls er al wat gebeurt, betreft 't doorgaans een stonede glazenier die het Auschwitzmonument aan scherven slaat of een zelf-mutilerende Iraniër die gezellig hakenkruisjes in zijn voorhoofd kerft en wat er verder zoal naar de gesloten afdeling emigreert.

Ik vind 't een flagrant staaltje van gebrek aan burgerzin dat extreem-rechts 'Nederland bekent kleur' telkens in de steek laat. Misschien kan de clubkas van de nobele strijders worden aangesproken, opdat in het vervolg eigen aanslagen - alles voor het goeie doel natuurlijk - 'Nederland bekent kleur' gelegenheid geven de levensgevaarlijke vooroordelen van het Nederlandse volk nogmaals aan te klagen en zichzelf als 'helemaal in orde' te afficheren.

Want waakzaamheid blijft geboden.

Asielzoekers steken hun eigen centrum in brand en ook hier valt me op dat 'Nederland bekent kleur' de zo noodzakelijke maatregelen tegen extreem-rechts niet goed coördineert. Eigenlijk heeft alleen justitie goed begrepen wat de antiracistische beweging bedoelt: Janmaat veroordelen met een Micky Mouse-vonnis dat onze grondwettelijk vastgelegde vrijheid van meningsuiting aantast en daarom verworpen zal worden door het Europese Hof. Niet sinds de Februaristaking is een zo oprecht gevoelde kreet van afschuw door het vaderland gegaan. 't Is jammer van die verbrande Turkse kinderen, maar 'Nederland bekent kleur' staat pal.

De vadsige jaren negentig

Het vervelende is, ik vind 'm aardig, iemand die, zo valt te vrezen, deugt: Jan Marijnissen. Laatst ondervroeg ik hem voor tv ter ere van 1 mei en hoewel God verhoede dat zijn partij ooit aan de macht komt - ik denk dat ik bij de sp niet als eerste, maar toch wel onder de bovenste tien op de lijst van Vijanden van het Volk sta: op te hangen, waarna te executeren -, moet er toch iemand zijn in de Kamer die uit overtuiging oppositie voert? Hoe diep is het land gezonken als Theo van Gogh overwegen moet SP te stemmen?

'Waarom stem je dan niet GroenLinks?'

Een redelijke vraag. Ik weet 't niet. 't Zal met mijn Wassenaarse achtergrond te maken hebben dat Paul Rosenmöller niet mijn held is. Kakkers onder mekaar of, om 't diplomatieker te formuleren: wat moet je met iemand die uit schuldgevoel over de omvang van zijn familiekapitaal 'solidair' is tegen de klippen op, met alle flauwekul die 'positieve discriminatie' en 'spreiding van kennis en macht' inhouden?

Rosenmöller had het neefje van Bolkestein kunnen zijn. Koks kroonprins als ie niet zo onverstandig was geweest geen lid van de PvdA te worden, kortom, hij is *every inch establishment*, maar doet van niet. Ik vind dat betreurenswaardig, want je moet wel heel erg rijkelui's zijn opgegroeid om je eigen ruiten zo obstinaat in te gooien. Wie werkelijk 'solidair' is met de onderliggenden durft vuile handen te maken en trekt zich niet terug in een sekte. Ik ben hardhorend in dat opzicht: ik mag graag bij Rosenmöller blijven informeren of de familiemiljoenen wel in een mensvriendelijk groen fonds belegd zijn.

'Maak je geen zorgen, Theo!' zegt de aangesprokene dan geagiteerd. Hij besterft 't om als miljonair bekend te staan, want dat valt slecht bij partijgenoten en achterban.

Marijnissen is gek genoeg om driekwart van zijn salaris

als volksvertegenwoordiger in de clubkas te steken, hij zal nooit bij Hare Majesteit geroepen worden om aan de regering deel te nemen, zijn klaagzangen over 'het kapitalisme' worden door de cijfers geloochenstraft - want nog nooit hebben zovelen het zo goed gehad - en de vraag dringt zich op of ook zijn talent als politicus niet ten onder gaat aan recht in de leer zijn. Maar toch... ik kan niet anders dan respect hebben voor iemand die bereid is zich in de vingers te snijden uit die merkwaardige overtuiging dat de wereld beter moet worden.

Paars is een nog grotere ramp gebleken voor het functioneren van ons parlement dan de jarenlange CDA-overheersing. Dieptepunten waren de meineed van Sorgdrager tijdens de IRT-verhoren - waardoor de volksvertegenwoordiging zich uit welbegrepen eigenbelang bewust liet misleiden - en de manier waarop de regering getracht heeft het falen van onze jongens rond Srebrenica in de doofpot te stoppen. Er is geen werkelijke oppositie in Nederland, want het hele systeem is gericht op consensus en coöptatie: ieder debat sneuvelt bij voorbaat in een samenzwering om mogelijk bezeerde coalitiegenoten gerust te stellen. Je zou willen dat de oorlog der ideeën meer glans en betovering had.

Bolkestein is de werkelijke oppositieleider, maar diens partij zit dan ook in de regering. Hij zal bij de komende verkiezingen de grote winnaar zijn en daarom door verliezer Kok, verliezer Wijers en verliezer De Hoop Scheffer naar de oppositiebanken verwezen worden. Want de vadsige jaren negentig vragen niet om uw grote mond maar om uw instemming, liefst stilzwijgend.

Roken voor beginners

Nu de terreur van de antirookbeweging aanstootgevende vormen begint aan te nemen, wordt 't tijd voor een bescheiden tegenoffensief, of moet ik zeggen 'een bescheiden gebaar'. Hiertoe is de cursus 'Roken voor beginners' (tot acht jaar) opgezet, onder leiding van de ervaren therapeute mevrouw L.E. Schierbeek-Wolf te Amsterdam, vooral bedoeld voor onze kleine rakkers.

De cursus duurt twee keer vijf uur en tracht jonge, kansarme kinderen zo snel mogelijk aan het roken te krijgen. Bekroning van de cursus is een authentieke longfoto die als diploma wordt uitgereikt aan onze geslaagde cursist. (Nabestellen altijd mogelijk.)

Doelstelling van deze unieke cursus is het spelenderwijs verslaafd raken aan die paar gelukkige momenten die het rookgenot oplevert. Het jonge kind wordt liefdevol opgevangen door assistente Belinda, gekleed in beige en wit. Zij is degene die de verschillende vormen van asbakken zal tonen en samen met de kleine durfal een keuze zal maken uit de grote variëteit van aanstekers, lucifers en vlammenwerpers.

Ook veel zorg is besteed aan een natuurlijke omgeving voor het kind. De muren van de rookruimtes zijn behangen met een vrolijk sigarettendesign.

Het ontwerp toont o.a. filtersigaretten, kreteks, sigaren, bolknakjes en andere rookwaar. Het tapijt is vervaardigd uit de belangrijkste internationale peukjes. Na jarenlange indoctrinatie valt het niet altijd mee om de natuurlijke afkeer van de kleine lievelingen te overwinnen.

De eerste sigaret wordt gepresenteerd als chocolade. En als de kinderen het bedrog doorzien, of liever gezegd, doorroken, is 't natuurlijk al te laat! Als steun in de rug wordt het tweede sigaretje opgestoken door Sinterklaas.

Duizeligheid treedt op. Deze eerste belangrijke verschijnselen van rookgenot worden opgevangen met een glaasje chocomel en een aai over het bolletje.

Na tweeëneenhalf uur zijn de eerste successen bereikt. De kansarmste kinderen scoren 't hoogst en zijn toe aan hun vijfde sigaret.

Complimentjes worden her en der uitgereikt. Therapeute L.E. Schierbeek-Wolf schroeit een wenkbrauwtje. Na vijf uur heeft de eerste succesvolle pupil de benodigde asgrauwe gelaatskleur. Er wordt gekotst. Tijd om de eerste dag af te sluiten.

Tweede dag:

Onderdeel één is ballonblazen. Pupillen die hier hoog scoren worden door assistente Belinda zacht doch dwingend uitgeleide gedaan. Want diegenen die thuis en buiten niet hebben gerookt, voldoen niet aan de eisen die de cursus stelt. De therapeute kan nu eenmaal haar kostbare tijd niet verdoen aan brekebeentjes. Oefening baart kunst.

't Is een hele troost om te bedenken dat de longen van de volhouders voor de komende jaren aangetast zullen zijn door een eerste laag nicotine. Juist op jeugdige leeftijd is de invloed van een sigaret op de ontwikkeling van hersens en longen ingrijpend. Kinderen wordt geleerd dat het concentratievermogen toeneemt door het opsteken van een rokertje. 'Roken voor Beginners' is dé manier om uw kind een goede start te geven in het leven.

Onze leuze is: '*Don't hesitate, be lucky. START SMOKING!*'

Inlichtingen: 030 - 231759. Uw contactpersoon: Fons Nijpels.

De senator

Het ach en wee over het optreden van de heer Wiegel in de Eerste Kamer klinkt alom en zelfs Jan Blokker in *de Volkskrant* had het schuim op de lippen toen ie 'Hansworst' omschreef als 'een ijdele dorpsgek'. Ik begrijp dat niet, maar misschíen ben ik onheus beïnvloed door mijn natuurlijk afkeer van D66, de partij die het land de noviteit van een meineed plegende minister van Justitie schonk. Bij mijn weten was D66 in het kabinet gebleven als Bierman van de Groenen tegen de bespottelijke grondwetswijziging had gestemd. D66 laat zich door Wiegel wegsturen en je vraagt je onwillekeurig af hoe masochistisch zo'n partij is.

Referenda waren toch al niet mijn grote liefde, want hoeveel voorstanders ook babbelen over 'participatie van de burger', het komt er vooral op neer dat het gepeupel dat toch al voor de doodstraf en tegen rekeningrijden was, een stem extra krijgt. Bovendien zijn referenda als ze niet opleveren wat ervan verwacht wordt, een steen des aanstoots voor D66-politici. Meneer Van Boxtel die in het kabinet iets onduidelijks doet met de grote steden, liep zich de benen uit het lijf om in zijn woonplaats Gorkum de burgers ervan te weerhouden een asielzoekerscentrum weg te stemmen. Alle mogelijke trucs werden bedacht om de wil van de buurtjes te negeren. 't Was nogal gênant om die pleitbezorger van het D66-kroonjuweel te zien juichen dat de opkomst te laag was geweest.

Wraak is een gerecht dat koud moet worden opgediend en Wiegels handdruk vooraf de stemming zal onze minister-president nog lang aankleven. Ik hoop dat de nacht van de senator ons tot in lengte van jaren zal heugen, vooral in hoofden en harten van zijn verontwaardigde tegenstanders, die zo bekwaam voor joker werden gezet. En persoonlijk ontsteek ik mijn kaarsje met de bede dat D66 bij de komende verkiezingen zal worden weggevaagd.

Zal dus wel niet.

Paars heeft zich altijd beroepen op het geloofsartikel van het 'dualisme', op de eigen verantwoordelijkheid van volksvertegenwoordigers tegenover de regering, ongeacht regeerakkoorden en fractiedwang. Paars raakte natuurlijk danig in het ongerede toen een koekje van eigen deeg geserveerd werd, want oplichters blijven oplichters die er niet van houden zelf ook getild te worden.

Paars heeft het land Sorgdrager bezorgd, twee blunderende ministers van Defensie, een gans op Volksgezondheid, een minister-president die in de Bijlmer geen stemmenwinst zag gloren en zich daarom jaren op de vlakte hield toen tien ministeries elkaar de bal toespeelden over die betreurenswaardige landing van het geval El Al. Paars, kortom, heeft werkelijk ieder ideaal verkwanseld als 't ging om verandering van de politieke cultuur, verlost van de christen-democratie, nietwaar?

't Was leuk om die stoethaspel Van Eekelen te horen ('Hans zei: "Stem jij maar voor, ik neem de verantwoordelijkheid wel!" '), 't was nog leuker om de verslagenheid te zien bij meneer De Graaff, en 't smakelijkst heb ik moeten lachen om meneer De Hoop Scheffer, die parmantige brokkenpiloot van de oppositie. Kortom, Wiegel verscheen de volgende dag op de voorpagina van *De Telegraaf* met z'n verhuisdozen en duim omhoog en voor één keer hoorde je zijn tegenstanders tandenknarsen en het volk grijnzen. Ik had er veel aardigheid in.

Ga ik nu binnenkort op die charmante toeteraar Dijkstal stemmen?

Neen.

Zou ik op Wiegel hebben gestemd, ware hij tot het lijsttrekkerschap geroepen?

Ik denk 't niet, want hoe briljant het orakel van het Noorden het kabinet en vooral D66 ook sloopt, als bestuurder was deze geboren oppositieleider een mislukking. Moge zijn stem Paars nog lang in de oren dreunen.

Het discriminatiemeldpunt waakt over u

Natuurlijk wist Kok allang wat er door El Al vervoerd werd en zijn giftige reactie jegens ambtenaren en luchtverkeersleiders bewijst nog maar eens dat het makkelijker is om naar beneden te trappen dan de hand in eigen boezem te steken. Kok voelt de bui hangen, ook al omdat er op de avond dat de Nederland-Israëlische vriendschap zo trefzeker gestalte kreeg boven de Bijlmer, direct Torentjesoverleg volgde. Zou Lubbers zijn tweede man en aanvoerder van de coalitiegenoot niet ingelicht hebben?

Dat soort probleempjes in de communicatie is, geloof ik, alleen mogelijk in sociaal-democratische kring. Wij mogen mevrouw Netelenbosch dankbaar zijn voor haar weigerachtigheid om de premier in te lichten. Kok blijkt keer op keer niet bestand tegen netelige situaties, zie ook het geklungel rondom het IOC-lidmaatschap van Willem-Alexander. Als loopjongen van Hare Majesteit doet Kok erg z'n best, en vergunt ons de potsierlijkste praatjes. 't Heeft iets deerniswekkends om een voormalige socialist zo diep door het stof te zien gaan voor het gepeupel van Oranje, maar voor de cynici onder ons - die weer 'ns gelijk hebben gekregen - blijft het spektakel amusant. 't Is jammer dat Paars II niet zal vallen over de enquête, maar om binnenkort op tv rechtstreeks het gedraai en gelieg van ministers en voormalige ministers te mogen zien, blijft een hele troost. Hoe zei onze geachte eerste minister het ook alweer? 'Het vertrouwen in de politiek heeft een deuk opgelopen.'

Je moet er maar opkomen.

Deze week werd ik gebeld door Mohammed Belhassen van het Discriminatiemeldpunt Utrecht. 't Schijnt dat er muzelmannen zijn die aanstoot hebben genomen aan de uitzending die ik onlangs voor Veronica wijdde aan de zegeningen van Allah en het geweldige mohammedaanse geloof. Ik had mij tot de koran bekeerd gezien mijn teleurstellende ervaringen met het zwakke geslacht, 'want dan moeten vrouwen achter je lopen'. Ik las een stukje voor uit de bijbel van Mohammed, waarin beweerd wordt dat vrouwen met een grote mond geslagen moeten worden, en pleitte ervoor clitorisbesnijding door het ziekenfonds te laten vergoeden, dit alles in het kader van 'de culturele integratie', want wij kunnen nog heel wat leren van vreemde culturen en lang leve de multiculturele samenleving!

Ik zei: 'Voor de draad ermee, Mohammed!'

Mohammed: 'Iek jouw dossier zoeken...'

Vol verwachting klopte mijn hart, en ja hoor, er waren weer een hoop van onze beminde medeburgers van Marokkaanse afkomst die aanstoot hadden genomen aan mijn persoontje. En gelukkig maar.

Gezien het gebrekkige Nederlands dat Mohammed sprak - hij woont hier pas twaalf jaar - geloof ik niet dat ie veel begreep van mijn uiteenzetting dat in beschaafde landen zowel God als Allah beledigd mogen worden. Volgens Mohammed voorziet de Nederlandse grondwet niet in dat recht. Dat is hem geleerd bij de Gedachtepolitie, die op gemeenschapskosten beroepsallochtonen kweekt en van de straat houdt. Een asbak is om je sigaret in te doven, niet om je over op te winden, en mild als ik ben, dacht ik eigenlijk dat Mohammed vast een aardige jongen is, heel bedreven in het torsen van de zware dossiers waarmee hij namens zijn gesubsidieerde coterietje van zelfbenoemde *Feldwebels* medeburgers lastigvalt. Wat een voorrecht om deel uit te maken van onze geweldige, zogeheten multiculturele samenleving.

Muisjes

De gewetenloze AVRO toonde deze week een onderhoud van Ria Bremer met prinses Irene. Hare Koninklijke Hoogheid babbelde over muizen. Zij schijnt een muisje te hebben toegesproken dat haar bij verrassing op het hoofd was gesprongen. 'En dan maken wij nu een afspraak, muis... Jij bent hier van harte welkom, ik vind 't fijn dat je er bent, maar niet meer op mijn bed, begrijp je?' En zie, de volgende morgen was de muis vanonder het prinsesselijke bed tevoorschijn gekomen, had haar schrander aangekeken en was verdwenen. Sinds de dagen dat Irene gehuld in een padvinderskostuum namens een fascistenbeweging op een berg ronddanste tegen de democratie, sinds de tijd dat ze vervolgens stukjes voor *Opzij* ging schrijven waarin werd uitgelegd dat 'jij en ik' veel beter af zouden zijn in de plattelandscommunes van Mao, 'want in China werken alle mensen samen, begrijp je wel?', sindsdien mag mevrouw met recht de állergetikste Oranje heten. Je zou willen dat sommige patiënten tegen zichzelf beschermd zouden worden, want hoe amusant het gebabbel van Irene ook was, en hoe vanzelfsprekend de koninklijke muts 't ook vond dat zij een uur zendtijd kreeg om haar boodschap aan de man te brengen, onwillekeurig vroeg je je als kijker af hoe eenzaam men moet zijn om zichzelf zó serieus te nemen. Eens temeer prangde de vraag: in hoeverre zijn de dochters van Juliana geestelijk mishandeld dat het licht in hun bovenkamer zó kon verduisteren? Zou Irene misschien een slachtoffer zijn van Mamma's godsdienstwaanzin, waarbij haar geest al vroeg geleerd heeft de schutkleuren van een halfgare toverkol aan te nemen om aan de pijn te ontsnappen die haar moeder is aangedaan?

Hoewel Irene afstand deed van enige aanspraak op de troon, is zij het beste vleesgeworden argument dat republikeinen in de schoot geworpen wordt als zij de rampspoed voor zich zien die de monarchie aan het lieve vaderland kan voltrekken. De wrange ironie wil dat het enige lid van het Koninklijk Huis aan wiens democratische gezindheid niet getwijfeld hoeft te worden, prins Claus, de enige van de familie dus bij wie vermoedelijk niet een steekje loszit, dat onze enige fatsoenlijke mof uitgerekend als enige van de familie in het gesticht heeft gezeten. Meningen als deze kon ik altijd kwijt in *De Tafel van Pam*, een radioprogramma dat 's maandagmiddags tussen vier en vijf uur wordt uitgezonden door de NPS. Onder voorzitterschap van Max Pam kon ondergetekende, en met hem Jaap van Heerden, Nelleke Noordervliet en Wim T. Schippers, vrijuit spreken voor een gehoor van zo'n honderddertigduizend luisteraars. Omdat alles wat leuk is kapot moet in Hilversum, heeft NPS-hoofd Informatief Rob Heukels na een woordenwisseling met de voorzitter besloten dat genoeg genoeg is.

Per 1 maart wordt *De Tafel* opgeheven en vervangen door een programma waarvan de politieke correctheid gegarandeerd is. Andrée van Es moest nog een baantje hebben en heeft goede contacten met de Haagse politiek waarvan de NPS afhankelijk is voor haar voortbestaan. Anil Ramdas is 's lands 'beroepsallochtoon' (H.J.A. Hofland) en staat borg voor het juiste pathos met valse argumenten; aan meneers mening zal de NPS zich nooit een buil kunnen vallen. En Hubert Smeets, ach... ik heb de neiging over hem heen te zien, en zulks is zonder twijfel ten onrechte.

Naar verluidt was de druppel die de emmer deed overlopen het gesprek dat in *De Tafel* gevoerd werd met Maarten van Traa, voorzitter van de commissie die het IRT-rapport opstelde. Van Traa kon geen antwoord geven op de vraag waarom zijn goedgelovigheid zo groot was dat de toenmalige minister van Justitie - die zich niet meer voor de geest kon halen dat zij in haar vorige baantje als procureur-generaal toestemming had gegeven honderden kilo's coke door te laten - weg kon komen met: 'Ik kan 't me niet herinneren.' Officier van justitie Blok, een gereformeerde geitenbreier die er niet van verdacht kon worden zijn boven-hem-gestelde voor de aardigheid tegen te spreken, had uit de volheid van zijn geweten aan de commissie gemeld dat Sorgdrager gedaan had wat ze gedaan had: cocaïne doorlaten. Conclusie van Van Traa: de minister kan 't zich niet herinneren, punt.

Hoe zou 't toch komen dat Van Traas galmende geweten vanaf die dag een beetje vals klonk? Dat een hooggestemde kwebbelaarster van coalitiegenoot D66 domweg zou blijken te liegen, en dat Van Traa zich in zijn onnozelheid tot hét symbool van de corrupte politiek van de jaren negentig had ontpopt, bleek iets wat niet gezegd mocht worden. Andrée van Es - mevrouw Van Traa - was razend en deed haar beklag bij de leiding van de NPS. Van Traa zat na afloop van de uitzending bijna te huilen. Wij mogen de Voorzienigheid danken dat Van Traa spoedig van deze schande verlost zou worden door tijdig met een slokje op zijn wagen tegen een vangrail te parkeren en de pijp aan Maarten te geven.

Er zijn meer mensen geschokt en verdrietig weggelopen bij *De Tafel.* Zo herinner ik me hoe achteloos Van Heerden de onderzoeksmethodiek sloopte van een zich noemende wetenschapster die beweerde te kunnen bewijzen dat één op de drie meisjes slachtoffer van incest is. De onderzoekster zou zich later in een vraaggesprek met *de Volkskrant* laten ontvallen dat zij tijdens de uitzending slachtoffer was geworden van 'seksisten'.

De Tafel van Pam was een grote trekpleister bij de STER en naar luistercijfers gemeten een van de schaarse NPS-successen. De haat tegen het programma was dan ook grenzeloos, juist groot bij de leiding van de NPS, waar de talentloze Rob Heukels, zoals gezegd hoofd Informatief, die bij ieder die het maar horen wilde zich beklaagde dat 'ik niets over het programma te vertellen heb', jaar in jaar uit het einde van de *Tafel* op de agenda zette.

Wij moeten meneer complimenteren met zijn volhardendheid. Dat een afzichtelijke koddebeier als Anil Ramdas namens de Gedachtepolitie het programma over mag nemen, toont eens temeer hoe broos de vrije meningsuiting is. Tot op heden heeft Rob Heukels niet gedurfd het einde van het programma officieel bij de medewerkers aan te kondigen. Wel trachtte hij producer Henny Verberkt met die schone taak op te zadelen. Zij weigerde en Rob meldde zich ziek. Zoals muisjes in hun poëtische onwetendheid op het ene na het andere hoofd springen en nimmer de wraak van de wereld over zich zouden moeten afroepen, zo zij 't mij vergeven dat ik het muisje dat brulde namens de NPS slechts vriendelijk toeknik, niet toespreek.

Ik wens meneer Heukels nog een grootse carrière.

Blauwe vlinders

Ach, wat sprak de dominee weer mooi, daar in Gorinchem. Niet Froukje, de onbetwiste ster onder de vermoorden, maar Marianne, de ander, scheen blauw als lievelingskleur te hebben gekoesterd. En Dominee was in Suriname geweest, waar blauwe vlinders in zijn tuin rondzeilden en daaraan had ie nu moeten denken.

Volgens Dominee 'hebben wij elkaar deze week vastgehouden'. Een prachtig beeld, wel heel ver verwijderd van de gemeenplaats, dat mijn ogen vochtig maakte, zoals ik ook waterlanders voelde prikken toen de klasgenoten van de vermoorde meisjes dat sprankelende gedicht 'Mensen gezocht' om beurten voordroegen.

Marianne en dinges zijn zeker niet voor niets overhoopgeschoten! Klokken beierden, taxichauffeurs spoedden zich naar de Dam, in de cafés werd een minuut stilte in acht genomen en Bartje Boos sprak gevoelvolle woorden.

Gieren als Jacques Wallage droegen zwart voor de gelegenheid en verdrongen zich voor televisie om hun nobelste krokodillentranen te plengen. En, zoals 't hoort, niemand durfde te pleiten voor straffen die inderdaad levenslang zijn.

De fietsenmaker hier om de hoek die werd neergestoken door een Marokkaan omdat een band niet snel genoeg gerepareerd was naar meneers zin, moest 't met minder bloemen doen. Die Marokkaan komt over zes jaar vrij, overigens niet dan na hoogst verontwaardigd te hebben gereageerd op de zwaarte van zijn straf. Hij wenst geen psychiatrisch onderzoek en kan daarom niet tot TBS veroordeeld worden, hoewel de getuige-deskundige er zeker van is dat, eenmaal losgelaten, deze gehaaste klant een nieuwe moord zal plegen. En weer een, en nog een. De Nederlandse justitie doet zelfs geen poging meer om de schijn op te houden dat een straf er ook zou moeten zijn om de wereld tegen zeker vullis te beschermen. Een psychopaat is nu eenmaal een psychopaat, ook als een Marokkaanse vader hem z'n jeugd lang lens heeft geslagen. Ik wed om een fles roze champagne dat binnen een half jaar na meneers vrijlating een nieuw slachtoffer valt te betreuren. Ook dan zal een dominee ons vasthouden, zal burgemeester Patijn zich laten verjagen uit de moskee en mag Bolkestein nog steeds geen voorzitter worden van de Culturele Raad, want dat wil de allochtone fractievoorzitster van de plaatselijke PvdA niet. Je schijnt in Amsterdam binnenkort bij verordening geen vraagteken meer te mogen zetten bij het functioneren van de multiculturele samenleving.

Ik kan niet wachten op de volgende moord - *who's next?* - en de volgende stille tocht, want 't blijft adembenemend om de deftigheid van de wandelaars met hun bloemetje te zien, hun zo-helemaal-niet pompeuze uitspraken aan te horen en hun zieleherders als Dominee in volle glorie te aanschouwen. En niet te vergeten ook die bijzonder intelligente burgemeester van Gorinchem, zo weggelopen uit Swiebertje en babbelend over 'die prille zondag van 10 januari' of 't hier hét kostbaarste geschenk uit zijn carrière betreft. Bedrijven, politici, politieke partijen, 't was weer een gedrang van belang, over elkaar heen buitelend in superlatieven van deelneming en zorg-dat-je-er-bij-bent.

't Meest intrigerend vond ik nog de ouders van beide meisjes, die in verklaringen lieten weten het te betreuren dat de kranten melding hadden gemaakt van de Turkse afkomst der moordenaars. Hun bekommernis werd door Burgemeester 'indrukwekkend' bevonden. Toch dacht ik in al mijn oneerbiedigheid even: zouden ze niks anders aan hun hoofd hebben? En waarom zou je als achtergebleven vader en moeder eigenlijk meedoen met zo'n stille tocht wanneer de rest van je leven dreunend van stilte is geworden omdat jouw kleine meid voor altijd weg is?

Zelf vroeg ik me af of ik ingeval mijn zoon vermoord zou zijn door een vertegenwoordiger van een etnische minderheid, of ik dan even sereen en vooral ook politiek-correct gereageerd zou hebben. Ik verwonder me en peins of zulk engelachtig de andere wang toekeren niet duidt op een zekere harteloosheid, of mag ik zulks niet hardop vragen?

Ik denk dat ik in het geval van een Turkse of Marokkaanse moordenaar begonnen was met het in brand steken van een moskee, hoewel men daar inderdaad zijn kind niet mee terugkrijgt. De vraag is hoe lang 'onze beroepsallochtoon' (H.J.A. Hofland) Anil Ramdas er nog in slagen zal met de zijnen het debat over buitenlanders te monopoliseren, praatjes verkopend als: 'Ik wil een stem zijn voor de minderheden die niet spreken kunnen.'

Ook ik vertegenwoordig een minderheid, eentje die wel spreken kan maar niet mag, om 't in even pathetische termen te houden... die van de belastingbetalende, autochtone sukkel die z'n kinderen een halfuur van huis op school moet doen om onderwijs in de eigen taal te krijgen, wiens kinderen als minderwaardig gelden bij het ministerie van Onderwijs, dat bijna twee keer zoveel gemeenschapsgeld spendeert aan bloedjes van allochtone afkomst. Dit alles geheel politiek-correct in het kader van de zogeheten 'achterstandsbestrijding'. De uit te zuigen, tegen aan te zeiken sukkel wiens kinderen worden vermoord door halvegaren die zich voor de rechter beroepen op hun etnische herkomst en het schandelijke tranendal dat wij Nederlanders hen zouden hebben aangedaan.

Het echte wonder van de veelgeprezen multiculturele samenleving is dat het paard van Troje met gejuich werd binnengehaald en tot op de dag van vandaag met gulle hand gesubsidieerd. Als ik een show maak voor televisie waarin de islam belachelijk wordt gemaakt, belt m'n halve kennissenkring: 'Ben jij levensmoe of zo?'

De meest pittoreske NSB'er van de eeuwwisseling heet Anil Ramdas, een zalvende herder die zijn schaapjes bekwaam als 'gediscrimineerd' ten tonele voert. Zoveel doortraptheid is een buiging waard.

U zij de glorie

Onze correspondent ten burele van *de Volkskrant* meldt dat columnist Joost Zwagerman twee weken geleden een stukje inleverde voor de zaterdagbijlage waarin gehakt werd gemaakt van *Volkskrant*-medewerker Michaël Zeeman. Het stukje werd geweigerd en Joost sprak dapper: 'Dit was dan mijn laatste bijdrage.' Drie minuten later belde Joost terug: 'Ik heb er nog eens over nagedacht, ik schrijf wel iets anders.'

De ruggengraat van een Zwagerman mag niet onderschat worden. Hij schijnt een groot schrijver te worden, maar dat zei ik tien jaar geleden ook al. Ik belde de Arbeiderspers om zijn nummer en de dame aan gene zijde vertelde dat Joost geheim is, maar dat ze hem zelf wel even zou bellen om míjn 6948965 in te spreken. Niets meer mogen vernemen.

Nu ja, het raadsel der onleesbaarheid is *de Volkskrant* als geen ander op het lijf geschreven en behalve voor Jan en Remco en de oude heer Blokker, die afgelopen zaterdag de hoop uitsprak dat Irak inderdaad 'plat' zal worden gebombardeerd, zou ik niet weten waarom je die afzichtelijke courant tot je zou nemen.

Jaren geleden drukte ik een stukje af van Sietze van der Hoek, handelend over diezelfde Zeeman, dat ook al niet mocht worden afgedrukt in *de Volkskrant.* 't Gold hier een bespreking van een portret dat elders was verschenen en waarin enige klappen die de heer Zeeman aan zijn vrouwtje had uitgedeeld tot in bijzonderheid aan de lezer uit de doeken waren gedaan.

Mocht niet. Sietze stout geweest.

Het enige dat de *Volkskrant*-lezer ooit gelezen heeft over Michaël is een door mij geplaatste advertentie op de voorpagina toen mijn bundeltje *Sla ik mijn vrouw wel hard genoeg?* verscheen. Eronder stond: 'Een ode aan Michaël Zeeman.'

Zeeman kwam die morgen ter redactie, zag en ging onder, de ziektewet in. Gevloek, getier en hoofdredacteur Pieter Broertjes bríésend aan de lijn: 'Theo, dat gedonder met jou altijd...'

Het gekke is, ik had nooit verwacht dat Joost Zwagerman zo onverstandig zou zijn om Zeeman aan te vallen. Zwagerman is voor de verkoop van zijn boekjes immers afhankelijk van goede besprekingen in *de Volkskrant* en reageerde ook daarom zo gebeten toen *Volkskrant*-recensent Arjen Peters zijn laatste meesterwerk neersabelde. En dan nu weer Zeeman... Joost, doe toch verstandig. Nu wéét Zeeman hoe je over hem denkt, maar wij lezers hebben er nooit kennis van kunnen nemen. Valt er wel iets aan te merken op Michaël? Meneer Zeeman is een vrouwenliefhebber die naar eigen zeggen als volgt in elkaar zit: 'De eenzijdige verliefdheid ken ik niet.' Michaël slaat, schopt, spuugt, treitert, intimideert, maar ja, er zijn nu eenmaal exemplaren van het zwakke geslacht die juist daarvoor vallen. Michaël presenteert een boekenprogramma dat van een aandoenlijke onbeholpenheid is, Michaël kan niet interviewen, Michaël toont de lichtvoetigheid van een manke dodo en Michaël lijdt aan de aandoening der belezenheid, dat wil zeggen, hij moet voortdurend laten merken hoe belezen, intelligent etc. hij is. De ideale quizmaster.

Zeeman is de laatste VPRO-coryfee, die zinkende omroep waar ze te laf zijn om Wim de Bie tegen zichzelf in bescherming te nemen en welks directeur H.M. van den Brink wanhopig loopt te solliciteren naar een betrekking in het bedrijfsleven.

Zeeman is ook de meest pompeuze van alle VPRO-patjepeeërs. Ik word altijd vrolijk als ik hem zie, zeker als ik denk aan de moed der Zwagermannen.

De Venema-factor

In *Het Parool* van afgelopen zaterdag was een special gewijd aan Jolanda Venema, het geestelijk gestoorde meisje dat tien jaar geleden naakt de voorpagina van *de Volkskrant* haalde met een ijzeren band om haar hals. Dat beeld van een gek die vastgebonden wordt omdat er niet genoeg broeders en zusters zijn om haar vrij rond te laten lopen, is mij nog lang bijgebleven. Er zat iets gruwelijks aan, je deed je ogen dicht en stelde je voor hoe 't is om een heel leven vastgebonden te zijn. Zó is de hel, dames en heren.

De moeder van Jolanda had weer een hoop te mopperen in *Het Parool*, net als tien jaar geleden. Ze sprak van 'een trauma', 'waar ik waarschijnlijk nooit overheen kom'. Ach gut. Als ik uitreken wat de Jolanda's onze samenleving kosten en wat er (terecht) wordt opgehoest om ook diepgestoorden het leven enigszins dragelijk te maken, ben ik niet zo heel erg onder de indruk van dat zogeheten 'trauma'. Tenzij de Kamer aanneemt dat er een verplichte gemeenschapsdienst moet komen voor jongens en meisjes van achttien - zoals er vroeger dienstplicht was ten behoeve van het vaderland - zullen er nooit genoeg hulpverleners betaald kunnen worden om het legioen oprecht-behoeftigen in de gestichten dag en nacht exclusief bij te staan. 't Moet geen pretje zijn om een overigens zonder twijfel lief, schuldeloos meisje als Jolanda op de wereld te hebben gezet; abortus is soms een barmhartiger oplossing. Er is geen geld om de klas van mijn zoon kleiner te maken. Mijn zoon is niet geestelijk gestoord, is niet van allochtone herkomst en hij wil overwegend deugen. Voor mijn zoon wordt een fractie uitgetrokken van wat er jaarlijks aan Jolanda wordt besteed. De grote mond van de moeder van Jolanda komt mij dan ook een beetje zielig voor. Op het gevaar af dat ik ervan zal worden beschuldigd ouders van gestoorden met de pet in de hand dankjewel te willen laten zeggen - dat wil ik niet -, geloof ik dat in de kosten-batenanalyse die de Kamer jaarlijks opmaakt gewone kinderen er bekaaid afkomen. Eén op de drie Nederlanders moet het geld opbrengen voor onze zieligen en nooddruftigen; dat wordt wat veel.

Gewone kinderen, met al hun problemen, sores en kleine verdrietjes, zijn naar verhouding blijkbaar minder belangrijk.

Wel subsidieert onze overheid - daartoe wettelijk verplicht - het paard van Troje dat zich 'islamitische basisschool' noemt, wel wordt het geklaag van de moeder van Jolanda geïncasseerd zonder een eigen bijdrage te vragen. Maar een computer voor de klas van mijn zoon - beloofd aan alle scholen - zit er domweg niet in. Geen geld.

Ik ben een van de laatsten der mohikanen die er eer in stelt voor zichzelf en zijn naasten te zorgen. Ik heb nooit m'n handje opgehouden en 't ontbreekt er nog maar aan dat ik de kinderbijslag niet terugstort als een verachtelijke katholieke fokpremie. Maar tart me niet; romantisch-reactionair geworden, jawel... wie zal er voor mij zorgen als ik moe en behoeftig ben?

Ik betaal premie voor een AOW die ik zelf nooit zal krijgen wegens algehele onbetaalbaarheid, want te veel oude mensen. M'n hele leven hoor ik de grote muil aan van de moeders van Jolanda of de imams die met onze subsidie een moskee willen laten bouwen om de nieuwe brandstapels voor te bereiden. Ik betaal voor onderwijs van mensen die weigeren mijn taal te leren, die vrouwen minderwaardig vinden en dat hun zonen bijbrengen, die homoseksuelen willen verdelgen en die onze tolerantie als het grootste onrecht van deze wereld zien.

Allah houdt misschien wel van Jolanda, maar zeker niet van mij. Kijk, en huiver.

De Hunkering

Dat men zich op middelbare leeftijd nog bezig moet houden met showprogramma's voor in de Liefde dolende jongeren mag met recht een knipoog van het lot worden genoemd. Aan de andere kant, de eerste reeks van dertien delen *Hunkering* twee jaar geleden verschafte mij zoveel levensvreugde dat ik wel gek zou zijn het geval te laten lopen. *De Hunkering* is een antidatingshow voor eenzame mensen, door eenzame mensen. Bedoeling van de show is toch vooral de onmogelijkheid van het menselijk geluk uit te dragen. Hoe de presentator ook zijn best doet om de held en heldin met hunne respectievelijke kandidaten te laten versmelten in de caravan waar de winnaars voor één nacht hun prooi mogen bespringen, de aanwezigheid van de camera's die het programma voor Veronica vastleggen garandeert nachten zonder passie of overgave. En gelukkig maar, want *De Hunkering* is gebaseerd op de mislukking van alle menselijke streven. Geen liefde lukt, kandidaten worden aangemoedigd de vloer met elkaar aan te vegen, de presentator geeft altijd hoog op over z'n eigen mislukte liefdesleven, 't is allen voor zich en allen tegen allen.

Een instructief programma.

De Hunkering heeft veel verontwaardiging gewekt in de zin dat critici het programma 'kinderachtig' vonden, 'puberaal' en 'saai'. Achthonderdduizend kijkers dachten daar op 't laatst anders over. De nieuwe *Hunkering* gaat op tournee in de provincie. De presentator is verliefd geworden op een beeldschone, maar wat klein uitgevallen vrouw, door hem 'de loopse pygmee' genoemd. Zij heet 'de enige echte Leontien' en heeft een affaire met een van de sumoworstelaars die de show begeleiden. In aflevering dertien verlaat zij mij. De vleesmolen waaruit de kandidaten vorig seizoen tevoorschijn kwamen is vervangen door een leeuwenkooi. Gebleven is het liedje, begeleid door de harpiste, die voor de gelegenheid in een pakje van Jane van Tarzan voor de camera verschijnt.

Nieuw is een quiz gebaseerd op Pim-Pam-Pet. Vragen als 'Hoeveel dagen telt een week?' worden op de kandidaten afgevuurd. Na het juiste antwoord wordt spreker uitvoerig toegejuicht. 'Dit brengt ons logischerwijs op de volgende vraag: huil jij als je klaarkomt?'

Bij de eerste show vroeg ik een jongeman om de achternaam van Napoleon. Hij murmelde iets over Bon-Napoleon, dat schijnt een bonbon te wezen. *De Hunkering* leert ons dat kennis van bijzonderheden overbodig is in dit leven; hou de grote lijn in de gaten en zelfs de grootste nono zal slagen.

Na dit seizoen zal de enige wens die ik nog heb op liefdesgebied luiden: mag ik een keer op televisie *Het Zwanenmeer* dansen? Op mijn eenenveertigste tracht ik de vrouwelijke aspecten van mijn karakter cachet te geven. En steeds prangender woelt in mij dat ene, mateloos verlangen: waarom mag ik toch geen moeder zijn?

Ik mag voor velen een troost wezen, want zo ongelukkig als de bolle Gogh, ja dat is weinigen gegeven. Maar in wezen wil ik moeder zijn, geborgenheid brengen, een lichtje zijn in het duister van zo velen. Om de hersenpan wat lucht te geven en toch ook iets officieels te dragen, siert mijn hoofd tegenwoordig een bh, cup d. Wapperend in de wind met mijn vreemde kroon dansen de wensen en verlangens van de mensen in mijn bovenkamer en in momenten van grote euforie gevoel ik mij de Messias: 'Ik bracht U polio! Ik bracht U de pest! Ik bracht U aids! Want ik ben Uw Messias!' Een ambitie is volbracht.

Stop je leuter in een kleuter!

New York City biedt alles wat je in romantische buien van Amerika verlangt: snelheid, van lotje getikten, zich vrij voelen in omgang met de medemens en alles, ieder telefoontje, ieder gesprek doordesemd van het gevoel: Hier word ik niet zo uitgelachen als in Nederland. Nu ja, ieder z'n jongensdroom. Ik was in die grote stad om Blind Date te vertonen en jawel, sommige aanwezigen pinkten een traantje weg. Terug in het vliegtuig viel ik met m'n neus in de boter met het Algemeen Dagblad, zoals bekend al jaren verwoed in de weer om een heuse grotemensenkrant te worden. Op de voorpagina werd 'het plagiaat' van Margriet de Moor gemeld. De schrijfster verklaarde zichzelf 'te goeder trouw' en hoewel ze natuurlijk loog, miste ik in mezelf het leedvermaak dat mij doorgaans bekruipt als een van onze Literatoren weer eens uit de snoeppot van een ander heeft gejat. Dat komt, de boekjes van mevrouw De Moor zijn zo hulpeloos geschreven dat je haar lezers een permanent plagiaat toewenst. In sommige handen wordt Literatuur een voortdurende marteling om de oogjes open te houden. Moge mevrouw De Moor nog maar lang voortkreupelen aan het firmament der vaderlandse letteren.

De hoofdstedelijke PvdA wil pedofiele leraren een tweede kans geven, 'want anders is hun hele leven verwoest'. Het socialisme zoals die meneren en mevrouwen zich dat voorstellen heeft een ongezonde belangstelling voor Daders, ingegeven door perverse minachting voor de pijn van hun slachtoffers. Er zijn kinderen die in zekere zin levenslang krijgen door wat hen werd aangedaan, gekooid als ze worden achter onzichtbare tralies van schaamte. Ik ben geneigd ieder volksgericht te veroordelen, maar als in de Verenigde Staten pedofielen onder schuilnaam worden ontmaskerd en bekendgemaakt in de buurt, kan ik daarover niet rouwig doen. Wel word ik achtervolgd door de herinnering aan een pedofiele jongeman die ik goed gekend heb in Wassenaar, wiens broers glunderend naar hem opkeken als er op televisie een Venz-commercial kwam waarbij kindertjes een paraplu opstaken onder een regen van hagelslag. De jongeman in kwestie loerde tijdens het speelkwartier naar de schoolpleinen, verscheurd tussen begeerte en afkeer van zichzelf, 'want 't is niet goed wat ik wil'.

Hij deed niks en stierf als volleerd alcoholist op z'n dertigste in z'n eigen kots. Mijn probleem is, denk ik, dat ik zelf vader werd en me niet veroorloven kan of wil om genuanceerd te denken over wie aan mijn jongen zou komen. Moord, doodslag, ik zou door muren heen gaan om wie met z'n tengels aan mijn bloed zit te grazen te nemen.

En de Grieken dan, tweeduizend jaar geleden, die schuldeloos grossierden in schandknapen? Ik aarzel en heb niks beters dan: 'Jij gelooft toch ook niet meer in het orakel van Delphi?'

Ik gun kinderverkrachters hun levenslang in de hel van de gevangenis waar ze alleen veilig zijn in de Pedovleugel. Maar in m'n achterhoofd fluistert een lastig stemmetje dat maar niet tot zwijgen wil komen: 'Je hoort bij de zwijgende meerderheid, klootzak, je bent even dom als al die andere handelsreizigers van het Gezonde Volksgevoel.'

Mijn paard van Troje heet Twijfel, niet te onderdrukken, niet te overschreeuwen en vooral: mijn zekerheden ondergravend. Ik doe m'n ogen dicht, zie voor me hoe m'n zoon wordt ingepalmd door een sympathieke 'oom' en voel een hamer in m'n hand om diegene eens lekker wakker te slaan op z'n schedel. Zou ik ook zo ontketend raken als Lieuwe in de klauwen van een 'tante' viel?

't Is pathetisch.

De lekkende tent

In *de Volkskrant* klaagden Jan Mulder en Maaike Helder luidkeels over kamerlid Kamp, die 't bestaan heeft ervoor te pleiten alleen politieke vluchtelingen in dit land toe te laten. Met stijgende verbazing heb ik de commotie die de woorden van de volksvertegenwoordiger veroorzaakten, tot me genomen. Zouden zij wensen dat werkelijk íedereen binnen mocht?

Ik vraag me af waar je zestig- tot honderdduizend economische vluchtelingen jaarlijks laat. Om 't maar demagogisch te stellen: waarom moeten ónze kinderen in te grote klassen zitten en geen computeronderwijs ontvangen omdat er geen geld is, terwijl zíj...?

Nu hoor ik in mezelf een dominee wakker worden die met schrille stem verkondigt: 'Hoe durf je je eigen belangetje voor te laten gaan boven dat van de lijdende mensheid?' Nou, dat valt wel mee, dacht ik. Ik vind inderdaad dat iedereen die vervolgd wordt vanwege zijn of haar geaardheid, geloof of overtuiging moet worden toegelaten. Maar waarom zou je hetzelfde doen met mensen die geen gevaar lopen?

Je organiseert een vlucht van intellect uit de landen van herkomst, want wie de ballen heeft om huis en haard te verlaten voor een rijkere toekomst, behoort meestal tot de bloem van de natie. Tenzij je van mening bent dat vier miljard mensen hier hun plekje kunnen vinden, zal er toch een selectie moeten worden toegepast. Ik ben niet iemand van 'Neerlands bloed' en 'Hup Holland hup!', maar zo gauw de regering inderdaad iedereen zou gaan toelaten, vertrok ik naar Amerika, een immigratieland bij uitstek waar ze er in de praktijk minder verheven denkbeelden op nahouden; áls ik daar zou worden toegelaten, natuurlijk...

Er wordt van overheidswege een hoop gejubeld over onze geweldige multiculturele samenleving maar ik ben zo vrij me af te vragen of de grens van de opnamecapaciteit van een klein land zo langzamerhand niet bereikt is.

Er zijn de afgelopen dagen een hoop tranen geplengd over 'de lekkende tent' en velen deden 't voorkomen of staatssecretaris Cohen expres inferieur materiaal had doen neerzetten teneinde de zielige asielzoeker nóg meer heimwee te bezorgen. Als de consequenties van een nobele stellingname te benauwend nabijkomen is zo'n lekkende tent natuurlijk een hele uitkomst. Je zegt: 'Wat érg!' en sluit de ogen.

Ik haast mij nu te zeggen dat ik een verklaard tegenstander ben van de lekkende tent. Toch heb ik wel eens erger dingen gezien, of mag je dat niet zeggen? Ik denk ook dat asielzoekers die echt weg willen die lekkende tent minder bezwaarlijk vinden dan gedwongen terugkeer.

In het klimaat van hysterie dat de nobele *Volkskrant*-columnisten veroorzaken, is 't bijzonder ongeoorloofd om aan Mulder bijvoorbeeld de vraag te stellen of er geen ruimte over is in de achtertuin van zijn villa; ik weet zeker dat onze asielzoekers bij hem altijd droog zullen zitten, nietwaar?

Woede, verontwaardiging, 't is allemaal zo tot niets verplichtend. Ons sociale-voorzieningenstelsel is zo ongeveer het beste ter wereld en de vraag waarover de geleerden in de Kamer zich nu buigen - Waarom is Nederland toch zo populair bij asielzoekers? -, lijkt mij eenvoudig te beantwoorden. Ik mag het geen aardse sterveling kwalijk nemen dat ie graag een nieuw leven wil beginnen in een paradijs van welbevinden.

De vraag is of je bereid bent die betrekkelijke hemel op aarde in stand te houden of niet.

De elite

In de krant las ik dat klassen van de lagere school in 'beter gesitueerde' buurten gemiddeld een hoger aantal leerlingen hebben dan die in zogeheten 'achterstandswijken'. Dat komt omdat een kind van allochtone ouders geldt als 1,9 op de subsidieschaal van het ministerie van Onderwijs; een kind van gescheiden ouders als 1,3; een kind van getrouwde autochtone ouders als 1,0.

Ik zou 't als satire niet hebben durven bedenken.

Burgemeester Patijn liep laatst kwaad weg bij Felix Rottenberg op AT5 omdat die 't bestond hem te ondervragen over 'de beroerde toestand van het Amsterdamse basisonderwijs'. Wethouder Van der Aa en zijn PvdA-collega uit Rotterdam hebben voorgesteld het miljard dat de Tweede Kamer uittrok voor klassenverkleining anders aan te wenden; voor 'achterstandsgroepen' natuurlijk.

Dit alles valt alleen te verklaren uit de haat die sommige socialisten voelen jegens 'de elite'. Wie er precies bedoeld wordt met 'de elite' is niet helemaal duidelijk, maar vermoedelijk gaat 't om autochtone milieus waar geen beroep wordt gedaan op sociale voorzieningen.

Heel verdacht dus.

Ik herinner me nog goed hoe de grote profeet Van Kemenade zijn kinderen in Wassenaar naar de meest rijkeluise, dure school stuurde, een filiaal van die van lotje getikte kinderlokster Maria Montessori, maar tegelijkertijd het ideaal van de middenschool bleef prediken.

Dertig jaar later heeft z'n zegenrijke arbeid ertoe geleid dat vakken als Geschiedenis en Aardrijkskunde zijn afgeschaft, waarvoor in de plaats kinderen geleerd wordt dat hun lotgenootjes in Opper-Volta nóg minder toekomst hebben.

Het argument dat gebruikt wordt om de discriminatie van beter gesitueerde kinderen te verdedigen, luidt altijd:

'Die redden 't toch wel.' Je hoort nooit een onderwijsdeskundige zeggen dat iedere maatschappelijke ordening zoiets geheimzinnigs heeft als een elite, dat een voorhoede van de pientersten een maatschappij verrijkt en dat je dus beter hun kroost maximale ontplooiing kan geven dan de lat zo laag mogelijk leggen om minder ontwikkelden te gerieven. Dat een meisje met gemiddeld 9,4 op haar eindlijst van de middelbare school drie jaar nodig had om bij de gratie Gods aan een universiteit te worden ingeschreven nadat ze was uitgeloot, is een schande.

Of hoe noem je zoiets?

De terreur van de moderne sociaal-democratie zit 'm hierin dat wethouders als Van der Aa een verborgen agenda voeren om hun haat tegen 'de heersende klasse' gestalte te geven. Jarenlang werd je als een halve racist afgeschilderd als je ervoor pleitte het onderwijs in de eigen taal - die van herkomst - af te schaffen en beweerde dat juist allochtone kindertjes beter af zijn met zo goed mogelijk Nederlands.

Uit alle onderzoek blijkt dat onderwijs in de eigen taal, beoogd om 'de culturele identiteit' te ondersteunen, averechts werkt en de Staphorstachtige trekken, die bijvoorbeeld onze Marokkaanse broeders in Nederland tentoonspreiden, eerder versterkt dan afzwakt. Er wordt wat afgeluld over 'integratie', maar het resultaat van de onderwijspolitiek die Van der Aa en de zijnen voorstaan, is dat er hele enclaves ontstaan waar westerse waarden als tinnef op de mestvaalt belanden. Dat de klassen op de lagere school in beter gesitueerde buurten gemiddeld voller blijken, is een veeg teken. Ouders zullen noodgedwongen diep in hun buidel gaan tasten en het openbaar onderwijs - ooit een socialistisch geloofsartikel - zal vervangen worden door privéscholen.

Vooruitgang is anders.

Vorstinnen & Dictators

Drie bronnen bevestigen mij nu onafhankelijk van elkaar dat Hare Majesteit de kwade genius is achter de tachtig miljoen die de Nederlandse regering al sjoemelend buiten onze volksvertegenwoordiging om uittrok voor de *Victory boogiewoogie* van Mondriaan. Majesteit is een groot bewonderaar van Mondriaan en heeft, aldus mijn zegslieden, niet zozeer aangedrongen alswel geëist dat Kok en Zalm snel en liefst geruisloos handelden. Ik dacht al, waarom zoveel plotse voortvarendheid van een premier die tot nu toe vooral betoverd werd door de borduurwerkjes van zijn echtgenote?

Je zou kunnen zeggen: tachtig miljoen is belachelijk veel en ver boven de prijs die onder normale omstandigheden voor een Mondriaan wordt neergelegd. Maar daarvan hebben Kok en Zalm geen verstand. Vooral Kok is bang voor Hare Majesteit en ziet wekelijks méér op tegen 'het bijpraten' met ons staatshoofd. Het Huis van Oranje heeft ons niet alleen een half onnozele zwijnenjager geschonken als troonopvolger, maar ook is ons opgedrongen een autocratische vorstin die haar rechten - zoals beperkt in de Grondwet - op eigen houtje heeft uitgebreid. Dat Beatrix een autoritaire persoonlijkheid heeft ontwikkeld valt haar niet euvel te duiden. Geen premier heeft haar de afgelopen decennia op de beperkingen durven wijzen waaraan het handelen van een monarch in een constitutionele democratie onderhevig zou moeten zijn. Dan zwijg ik nog over de domkoppen in de Tweede Kamer van wie niet één in deze zaak een vraag in de richting van Oranje heeft durven stellen. God sta ons bij in het geslijm dat jaar in jaar uit over onze arme hoofden wordt uitgekwijld als 't gaat om deze Majesteit.

Ondertussen maken de predikanten van de progressieve gemeente zich druk over Pinochet, die was uitgenodigd om het Verenigd Koninkrijk onder valse naam te bezoeken om zich te laten opereren en die zijn vermetelheid nu bekoopt met een mogelijke uitwijzing naar Spanje. In mijn hart hoop ik dat moordenaar Pinochet een gruwelijke marteldood wordt bereid. Als ik mijn hoofdje gebruik zie ik de onwettigheid van een uitwijzing in.

Zelfs Fidel Castro ziet de bui hangen en liet bekendmaken dat een en ander hem juridisch gesproken als niet rond te breien voorkwam. Pinochet wordt door een deel van de Chileense bevolking gezien als 'De Verlosser' die het vaderland gered heeft van marxisme en een burgeroorlog door president Allende te verjagen. Veel commentaren spraken de afgelopen dagen van 'de democratisch verkozen' president, maar dat is een misverstand: Allende steunde op 39% van de stemmen. Hij weigerde coalities te sluiten en 'rantsoeneerde' het papier waarop oppositiekranten gedrukt moesten worden zodat die niet meer konden verschijnen. 't Is een dier romantische oplichterijen van de vrome pastorie van Links dat Allende democratischer zou zijn gebleken als ie tijd van leven had gekregen. Allende stuurde inderdaad aan op een burgeroorlog. Ik ben niet cynisch genoeg om te verdedigen dat Pinochet van twee kwaden het minste was. Wel geloof ik dat roverhoofdman Den Uyl en zijn kompanen destijds geen benul hadden van wat er in Chili werkelijk aan de hand was.

Als Pinochet mag worden uitgewezen wegens misdaden tegen de menselijkheid, is 't wachten op de legitieme ontvoering van Castro, de legitimering van de moord op Che Guevara en nog zo wat *The Ends* van iconen van Links. Het Chileense parlement heeft timide gereageerd op de gebeurtenissen rondom de senator. Wie een staatsgreep van het Chileense leger wil, bevordere de uitwijzing van Pinochet uit naam van de carrière die een als Spaanse rechter vermomde kruisvaarder ambieert. Rivieren van bloed zullen vloeien.

Het Oranjegevoel

(rede uitgesproken voor het Centraal Comité
van het Republikeins Genootschap)

Dat Hare Majesteit haar verjaardag in Amsterdam komt vieren, is een provocatie. De vraag is of jij je er als republikein over op moet winden. Ik word al kwaad als de stad is afgesloten vanwege de Marathon, zet hekken opzij, scheld jongens en meisjes uit die oversteken proberen te voorkomen en ben ten diepste bereid klappen uit te delen.

Toch meen ik in het geval van koningin Beatrix milder te zullen reageren. Dat komt, mevrouw is erfelijk belast. Pappa nog bij de SA geweest, Mamma min of meer godsdienstwaanzinnig, Oma wilde het parlement afschaffen, Opa met stukjes en beetjes z'n kist in vanwege de sief en zusjes die kwelen met ogen als verliefde molenstenen, babbelen met de bomen of zich laten onderschijten door Flipper. Ik bedoel... 't Is wel wat veel.

Beatrix heeft Amsterdam gehaat vanaf de dag dat de Rookbom viel. En omdat tijdens de kroning haar een massaal gescandeerd 'Ajax! Ajax!' ten deel viel.

Ze is, kortom, voor joker gezet en dat vinden koninginnen niet leuk. Als republikein meen ik dat de monarchie weg moet omdat in een democratie het staatshoofd dient te worden gekozen door het volk.

Tandenknarsend onderga ik de vernedering die ons republikeinen wordt aangedaan. Wéér wordt Amsterdam een belegerde veste. Nóg moeten wij ons slaven noemen. Amsterdam huilt...

Maar ja, de eerlijkheid gebiedt te zeggen dat toen ik van Majesteits voornemen hoorde, een glimlach eventjes mijn lippen krulde. 't Is een pestkop, die koningin, en ze doet er alles aan om het republikeinse Amsterdam te tarten. Ze is een mof, ze is een muts en ze spreekt een soort van Nederlands dat gemeengoed was geworden als de Führer zijn strijd voor een verenigd Europa gewonnen had.

Beatrix spreekt Nederlands als een Duitse die met veel overgave een grammofoonplatencursus heeft gevolgd. Vijfde Colonne, maar knap gedaan. Beatrix straalt het soort van kakkineuze onnozelheid uit dat men zich zelfs in Wassenaar alleen met een wezenloos gevulde echtgenoot kan permitteren.

Beatrix heeft haar man gesloopt, die als een onttakelde robot kransen legt en zich beklaagt over de leeggelopen batterijen in zijn rug. Beatrix is een kreng dat dankbaar gebruik maakt van de onzalige aanvechting die sociaal-democraten - Drees, Den Uyl of Kok - telkens weer de monarchie doet redden. De tentakels van Oranje zijn overal...

En toch, dames en heren, betrap ik me erop dat die koninklijk geheven *Fuck You!*-vinger me aan het grijnzen maakt. 't Vrouwtje heeft weer toegeslagen en dankzij de knikkende knieën van onze burgemeester, onze volksvertegenwoordigers en onze regering, komt ze ermee weg. Onze burgerrechten worden weer voor een dag of wat opgeschort omdat wij niet mogen samenscholen als Majesteit verjaardag viert; we hebben 't aan onszelf te danken. Beatrix is geen toonbeeld van democratische gezindheid, ze zal er alles aan doen om een premier Bolkestein te voorkomen, ze is nurks, hurks en een aanfluiting van de goede smaak met haar merkwaardige hoofddeksels en gewaden die vooral doen denken aan een in grote haast aangetrokken tent. Maar dat ze ons burgers uitdaagt door in Amsterdam en niet op de Veluwe haar verjaardag te vieren, ik lig er niet wakker van. Wij zullen met haar moeten leven zoals ook de aambei wrevel veroorzaakt. Grote mannen van het Republikeins Genootschap, wij staan gevoegelijk voor joker.

Dáár staat de koningin, zij kan niet anders. Inderdaad, Majesteit zou moeten worden onthoofd, maar onze middelen zijn nu eenmaal beperkt...

Leve de Republiek!

Rond de dorpspomp

Motregen druilde over het Leidseplein, maar ik-zei-de-gek hobbelde opgewekt voorwaarts, want ging naar de film. Zou je het leven van je kind kunnen verzekeren bij FBTO? dacht ik. Toch 'ns bij Monique van de Ven informeren.

Mevrouw Van de Ven acht ik persoonlijk de grootste actrice sinds Greta Garbo. Mijn aangeboren verlegenheid heeft me tot nu toe verhinderd hiervan melding te maken, maar sinds ik weer een podiumpje tot mijn beschikking heb, brandt die lof me op de lippen. Denkend aan Monique hoor ik de kassa integer rinkelen en strooi wat eikeltjes op een graf. Ik had het gevoel: Is mijn leven ooit zo geweldig geweest?

De film ging over de advocaat van de duivel, met Al Pacino als Satan Himself. In Bellevue Cinerama zaten zo'n dertig allochtone jongeren, afkomstig uit Marokko om precies te zijn, die voor de overige naar schatting tachtig aanwezigen de vertoning bedierven met geloei, gehinnik en gegiechel. Twee jongens zaten 'Van Gogh!' sissend achter me en ik voelde een hand in mijn nek. Nu heb ik in *de Volkskrant* geleerd dat er zoiets is als 'lichamelijke integriteit' dus, hopla!, m'n arm zwiepte omgedraaid zomaar als een klapje in het gezicht van een van mijn plaaggeesten. Ik sloeg niet hard genoeg om de voortanden van meneer te slopen, maar een bloedneus had ie wel. Ik gevoelde een positieve grondhouding.

Vanwege het lawaai was er naar de film bijna niet meer te kijken. Na afloop dromden woedende bezoekers rond de bedrijfsleider, die zenuwachtig op z'n snor beet en verklaarde: "t Is de laatste dag van de ramadan, daarom waren ze zo vervelend. Ik heb vanmiddag drie keer politie in de zaal gehad, maar die durven niks te doen. Sorry.'

De zegeningen van de multiculturele samenleving zijn ontelbaar.

Een bezoeker uit de Verenigde Staten stond luidkeels te kankeren.

'Waarom worden die kinderen toegelaten? Waar zijn hun ouders?'

''t Zijn Marokkanen,' zei ik. 'Die hebben geen ouders.'

Wat heb ìk eigenlijk met ramadan te maken, schoot 't door me heen. Laat ze lekker in Marokko gaan vasten en mij niet lastigvallen... Maar dat durfde ik natuurlijk niet hardop te zeggen, want voor je 't weet krijg je een bon van de Gedachtepolitie.

's Avonds was ik uitgenodigd om te eten in De Kring. Ik zat te lachen met Raoul Heertje, Pieter Storms werd dronken, consigliere Stefan Kalff schudde grappen uit z'n mouw, Remco Campert kwam even langs en verderop zat Stefan Sanders, columnist van *de Volkskrant.* Ongevraagd schoof Sanders aan met in zijn kielzog een gepigmenteerde reetkever die gilde dat ik een vrouw niet als *negerette* mag betitelen.

Waarom niet eigenlijk?

Ik vind Sanders een geparfumeerde *Feldwebel*, maar de holtor naast hem gesticuleerde wuft; een deerne in de menopauze, maar nog altijd op jacht naar de Man. Zou er in Sanders' endeldarm ruimte genoeg zijn voor dit bevallige hoofd?

Nu ja; *a splendid time was shared by all.* Ik ben geen lid van De Kring, al was 't maar omdat men geen lid behoort te zijn van een genootschap dat Theo van Gogh toelaat. Ik rekende fl. 600,- af en wilde nog even een drankje nuttigen in de bar beneden omdat ik verliefd ben op mijn ranke den Mimie Kok, die van de drank af is maar daarom nog niet van de speelautomaat.

De portier hield me tegen: 'Er is een klacht tegen je ingediend en de voorzitter wil je niet toelaten.'

'Door wie dan wel?'

Door meneer en mevrouw Sanders. Natuurlijk.

Tegen zulke deftige mensen durf ik niets te ondernemen. Ik ging weg in de wetenschap dat De Kring z'n kasplanten goed beschermt. Daar heb ik alle begrip voor, zoals 't ook mijn goedkeuring heeft dat Harry de Winter zijn zwarte centjes in De Kring steekt, want als het kerkhof danst juicht mijn hart. Nergens is de geur van overlijden penetranter dan juist hier op de beroemde kunstenaarssociëteit!

De volgende morgen stond ik op de Oosterbegraafplaats om Karina Keuchenius te cremeren. Karina, gewoon een getikt Indisch meisje, van wie ik me herinner dat ze een verrukkelijke kut had en een hart van goud. Ik was haar al zeker tien jaar niet meer tegengekomen.

Er waren twee zussen, een gebroken vader, een broer en een peutertje dat door de toespraken heen lachte. Karina had zo'n last van haar rug gehad, maar in het AMC hielden ze 't op 'jicht'. Longkanker dus, met gezwellen uitgezaaid en niks meer aan te doen. 'Een interessant geval' volgens de professoren, maar daar had de overlijdende niet zoveel aan.

Enfin, morfine hielp evenmin en ze stierf thuis, 'want in het ziekenhuis mag je geen weed roken'.

Ik bedacht me hoe alleen ze geweest moet zijn en waarom mensen die écht afwijken het allerkoudste universum wacht. Eenzaamheid is de ergste ziekte en ík schaam me dat ik Karina niet nog één keer in m'n armen heb genomen. Als er een God is hoop ik dat Ie lief voor haar is.

Haar zus: 'Toen ik voor 't laatst bij haar was, zei ik: "Je gaat nu een lange reis maken. Maar we komen elkaar zeker weer tegen!" Ze glimlachte en zei: "Reken maar!" Ze was niet meer zo in paniek, gelukkig, ze had er vrede mee.'

Waarom begrijp ik niet, maar van zulke verhalen gaat een gevoel van onrechtvaardigheid uit dat me letterlijk misselijk maakt. Even later stond ik te kotsen in de bosjes, om mezelf - grote klootzak -, om Karina en de vergeefsheid van wat in de ogen van de grote Scenarioschrijver hierboven een onbelangrijk leven zal zijn geweest.

Was ík maar dood.

Liefhebbers

’s Morgens acht uur, gedreven door helse kiespijnen onderweg naar de tandarts. Daar wacht de taxi. Aardige chauffeur op leeftijd, meneer F. Jawel, dé chauffeur.

‘Patrick is vrijgesproken, hè?’

Hij ontkende ’t niet.

‘Ik heb veertien dagen gewacht voor ik mezelf ging aangeven op het bureau. Ik zat in m’n caravan op de Veluwe. Ik had geen zin. In de verhoren is mijn domicilie bureau Elandsgracht. Mariëlle heeft die nacht twee keer “Nee” gezegd. Ik reed stapvoets, want ik wilde weg uit de Amstelstraat. Toen ze zich in m’n wagen liet trekken, maakte Patrick dit - volgt ‘pijpgebaar’ (THvG) - naar z’n vrienden. Toen dacht ik al, als dit maar goed gaat. Mariëlle zegt nu dat ze twee keer een blik op me heeft geworpen, maar ze lag hoofdzakelijk met haar hoofd op de bodem van de wagen, dus dat heb ik niet kunnen waarnemen. Ze was nuchter voorzover ik merkte. Ze ging vrijwillig mee met de drie anderen toen Patrick met me afrekende. Patrick gaf geen fooi. Had ze maar één kik gegeven, dan had ik meteen de centrale gewaarschuwd. Hoewel... je doet niet veel met vier van die knapen...

Ik had vooraf nog gezegd: vol is vol. Patrick zei toen: “Hé, we gaan eruit op het Waterlooplein.” Dat werd dus Noord.

Mijn eigen dochter zou moord en brand hebben geschreeuwd. Ik begrijp werkelijk niet wat er lekker is om met z’n vieren zo’n meisje... Volgens de politie is Mariëlle labiel.’

‘Wat is dat dan?’ vroeg ik.

‘ “Dat ze zonder nadenken twintig keer de deur opendoet,” zeiden ze. Ik ben gaan praten omdat m’n geweten opspeelde. Collega’s van me zeiden: “Je moet er geld uithalen! Vraag een ton aan *De Telegraaf*.” Dat wil ik niet. Bij de koffie, de volgende dag, heb ik m'n collega's gewoon het verhaal verteld.

"Wat me nou overkomen is," en ik dacht: 't Is nog goed afgelopen... Lees je veertien dagen later de voorpagina van *De Telegraaf.* Patrick beschuldigd. M'n collega's belden meteen op.

Patrick zocht me overal en volgens de andere chauffeurs, die hem dus niks gezegd hebben (dit is een gesloten branche), wilde ie me dringend spreken. Ik denk om me zwijggeld aan te bieden, of om m'n verklaring te veranderen. Ik zou er geen cent aan hebben willen verdienen en niks aan m'n verklaring hebben gewijzigd. Ik was er ziek van. Begrijp jij nou waarom die Patrick niet gewoon naar Yab Yum gaat? Die rechercheur op de Elandsgracht had het helemaal gehad met Kluivert. Ze hebben bewijs verdonkeremaand, maar ik denk niet dat iedereen bij de politie meedoet aan die samenzwering van stilte. Enfin, ik ben dolblij dat 't allemaal voorbij is en dat ik niet hoef te getuigen. 't Is zielig voor dat meisje.'

Dat is zeker. Ook na het verhaal van de chauffeur in eigen persoon te hebben beluisterd, beland je in het schemerrijk van de dubieuze veronderstelling.

Het achtenswaardige Hof dat in zijn conclusies stelde dat de vier wellicht niet goed duidelijk was dat Mariëlle geen zin had in seks, is niet geheel wel bij zijn hoofd. Want wie meent dat een gebiologeerd konijn over een eigen vrije wil beschikt bij het ontplooien van intieme relaties, zoekt naar een excuus voor verkrachting. De heer Kluivert wilde gepijpt worden en maakte zulks duidelijk aan zijn vriendjes nog voordat hij de mond die al dat verrukkelijks tot stand zou brengen, op de hoogte had gebracht van zijn stoere voornemen.

Barend & Van Dorp en allerlei andere voetballiefhebbers leggen de natie voortdurend uit dat Patrick een aardige jongen is die het goed bedoelt en die geworden is wat ie werd - arrogante flapdrol etc. - vanwege zijn dominante moeder en een zeker milieu.

Zovar reikt mijn psychologisch inzicht niet. Mij komt 't voor dat Mariëlle Boon als een slachtkuiken onder het mes is gegaan. In dat opzicht is Kluivert een kinderverkrachter, of moet ik zeggen iemand die bij zijn vrienden opschept een mongool te hebben genaaid.

De held van kleine meisjes zal nog menigmaal juichen, vooral wanneer ie na een mislukt seizoen in Frankrijk alsnog naar grote hoogten stijgt. Spits van Oranje.

De puisten rond de mond van Mariëlle Boon zullen nog lang zweren.

Een storm in een glas water

Hij is de bestbetaalde uitkeringstrekker met z'n anderhalf miljoen per jaar. Tot zijn verdediging wordt vaak aangevoerd dat ie allerhande plichtplegingen moet volvoeren, lintjes doorknippen en zo. Mijn aangeboren ongevoeligheid doet me de schouders ophalen, maar wie weet, weet u 't beter.

Hij is dertig jaar, maar durft niet tegen z'n moeder te zeggen dat ie van één bepaald meisje houdt, met wie ie 't liefst zou dansen als Mamma haar verjaardag viert in het paleis. Mamma heeft liever niet dat ze komt, en als 't dan toch moet, mag Emily niet gezien worden. Hij stemt toe; wat je noemt een zoon met ruggengraat.

Hij is onze toekomstige koning.

Persoonlijk lijkt ie mij te onbenullig om een 'judas' te wezen, zoals wel over hem gezegd wordt. Maar als ik 't voor het kiezen zou hebben, had ik liever een judas dan een stuk onbenul. Willem-Alexander blinkt niet uit door intelligentie op het eerste gezicht.

Omdat ik een verdraagzaam republikein ben, denk ik dat onze troonopvolger veel gelukkiger zou zijn als bal bij Minerva, als jager op tamme fazanten, als liefhebber van het zweet dat onder hockeyrokjes opstijgt. Een onbeduidende sukkel, maar daarom nog niet onsympathiek.

Denkend aan de kroonprins vind ik iedereen wel sympathiek.

Het geloei der autoriteiten toen het gedonder over de Benoeming begon, was vooroordeelbevestigend, maar daarom niet minder vermakelijk. Dunning bijvoorbeeld, in z'n vrije tijd samensteller van de PvdA-kieslijst, noemde het gedoe rondom de kroonprins en het IOC 'een storm in een glas water'.

Omdat ik een slecht mens ben, geloof ik dat er meer aan de hand is. Willem-Alexander is namens het Nederlandse volk lid geworden van een jachtclub waar zelfs iemand met zìjn beperkte intelligentie een hoop brokken kan maken. Wat gebeurt er bijvoorbeeld wanneer het toernooi verrast wordt door een aanslag als in '72, toen het IOC tegen iedere vorm van burgermansfatsoen in verordonneerde: 'De Spelen moeten doorgaan.'

Zou Willem-Alexander namens ons allen instemmen?

De kruiperigheid jegens Majesteit die onze minister-president in acht neemt om de volgende verkiezingen te winnen, levert pijnlijke taferelen op. Dat de sociaal-democratie sinds '45 twee keer het koningshuis gered heeft (Drees bij Greet Hofmans, Den Uyl tijdens Lockheed), betekent toch niet dat uitgerekend de ballerigste vertegenwoordiger van Oranje het Nederlandse volk als lakei zou moeten vertegenwoordigen bij een min of meer fascistoïde zootje regenten? Willem-Alexander is een onbenul en heeft helaas niet het talent om meer te zijn dan dat; geen idee, geen smeerpijp met knipoog, maar in voorkomende gevallen natuurlijk wel fout na de oorlog. Lijkt vooral op z'n Opa, wiens loopbaan begon bij de SA. 't Is jammer voor onze troonopvolger dat zulke vormende opleidingsinstituten niet meer bestaan.

Over drie weken zal Amerika Irak aanvallen, Israël zal terecht een atoombom gooien op Bagdad als Saddam zijn biologische wapens naar Tel Aviv stuurt, kortom, armageddon is nabij. In dat licht bezien is Willem-Alexander een onbeduidende voetnoot bij de geschiedenis, *dull but not a gangster.*

Waar maak ik me druk over?

De beste manier om de monarchie te verruilen voor een democratische staatsvorm is Willem-Alexander tot koning te kronen; te onbenullig om z'n eigen blunders te zien en dus onbekwaam om het kerende tij in te schatten.

Gezonde denkbeelden

Stella Braam meldt in haar wekelijkse stukje voor *NRC Handelsblad* dat internet overspoeld wordt door propaganda van racisten. Ook beklaagt ze zich: 'Mein Kampf mag niet in de boekhandels, maar wel, via een buitenlandse provider, op het net.' Ik heb mevrouw wel 'ns ondervraagd voor AT5. Ze droeg voor de gelegenheid een pruik en zonnebril, om niet herkend te worden. 't Was een mallotige uitdossing, die 't aardig deed op het blauwe scherm. We haalden er nog het NOS-*journaal* mee. Mevrouw stond onder politiebewaking omdat ze net een boek had geschreven over de Grijze Wolven.

Ik vond 't een heel gedoe en enigszins potsierlijk, want wie werkelijk op de hitlijst staat wordt altijd gevonden, zonnebril op of niet. Maar toch had ze mijn sympathie. Ze had tenminste iets durven zeggen wat onze dappere raadsleden en volksvertegenwoordigers met huiver vervult: dat de Nederlandse overheid wel gek zou wezen om terroristische groeperingen te blijven financieren louter en alleen vanwege hun allochtone origine.

Een van de droeve verworvenheden van het tijdperk Den Uyl is dat een allochtone fascist geen fascist mag worden genoemd. Mevrouw Braam voelde zich bedreigd, vermoedelijk terecht.

En dan nu haar verongelijktheid over 'de kwetsbaarheid' van onze antiracismewetgeving en - in één adem door - dat *Mein Kampf* wél op het net mag. 't Gekke is, na jaren van stille verwondering begrijp ik nog steeds niks van de Stella Braams dezer wereld. Zou de achtervolgde schrijfster bedoelen dat alleen wie aan haar kant staat recht van meningsuiting heeft? 't Is al bespottelijk genoeg dat *Mein Kampf* niet verkocht mag worden in Atheneum; 't stemt dankbaar dat het net nu in dat gemis voorziet, al zal ik *Mein Kampf* niet lezen. 't Lijkt me onverstandig boeken te verbieden, of ze nu met goede of met verkeerde intenties geschreven zijn. Wie *Mein Kampf* verbiedt, schept een precedent waardoor met een beetje doortrapte advocaat ook mevrouw Braams bevindingen aan een publicatieverbod onderhevig zouden kunnen raken.

Waarom begrijpen 'linkse' mensen als Stella niet dat wie *Mein Kampf* onbereikbaar wil maken voor de lezer - en dit alles zonder twijfel met de beste, menslievendste bedoelingen - uiteindelijk in zijn eigen zwaard valt? Censuur is een moeras dat vrije mensen te gronde zal richten. 't Enige dat ons behoedt voor de fascistische jungle van het recht van de sterkste is de vrijheid om te zeggen wat je denkt. Paradoxaal genoeg kan men zijn tegenstanders het best bestrijden door hen alle vooroordelen van de daken te laten schreeuwen, want zo ontmaskert de Tegenpartij zichzelf. Maar er is ook een principiële overweging; racisten en liefhebbers van *Mein Kampf* zouden door de Grondwet beschermd moeten worden tegen de goede bedoelingen van mevrouw.

Braam noemt het recht op vrije meningsuiting in de Verenigde Staten 'heilig'. Uit haar pen is dat geen compliment. Ze is bovendien beducht dat de onschuldige jeugd gevoelig zal blijken voor racistische propaganda op internet. Zo waren er vroeger ook paters die jongelui waarschuwden voor 'de onkuise kus'. Jonge mensen zijn niet per definitie onschuldig en zoals mevrouw Braam en de haren in hun jonge jaren massaal het rode boekje van massamoordenaar Mao aan hun borst koesterden of suikerriet wilden plukken voor vrienden van de progressieve mensheid à la Fidel Castro, zo wendt de leergierige jeugd zich nu tot de extremisten van de andere kant. Vooroordelen bestrijd je met argumenten, niet met verboden. Ik zou mevrouw bijna 'onverdraagzaam' noemen.

Jubeljohoo!

Mijn stem voor de Amsterdamse gemeenteraad ging naar Leo Jacobs, nummer zes bij de Groenen en dus onverkiesbaar. Ik vroeg hem waarom hij, die de afgelopen vier jaar toch als tweede raadslid namens de Groenen fungeerde, zo getuimeld was. Jacobs: 'Roel van Duyn was in paniek om z'n zetel en heeft de hulp van een paar trotskisten geaccepteerd. Ik mocht eerst nog nummer drie zijn, maar daar moest later een allochtone vrouw komen of zoiets. Enfin, ik dacht: De dames en heren kunnen 't me doen, en ben lekker op reis gegaan naar Italië. Idealisten zijn in het algemeen niet zo menslievend. Roel liet z'n vrouw in de steek toen ze kanker bleek te hebben, dat vond ik niet zo aardig. Hij wil nu liefdeslessen onderwijzen op school. Zo gaat dat.'

Het feest der democratie, ik kan er niet genoeg van krijgen.

Voor de deelraad heb ik niet gestemd. Deelraden zijn verzamelplaatsen van het allerbedenkelijkste gepeupel. Deelraad Watergraafsmeer slaagde er de afgelopen jaren onder andere in om de herbestrating van de Linnaeusstraat negen maanden te laten duren; viereneenhalve maand voor de ene kant en toen - omdat het geld *op* was - een halfjaar wachten op de de werkzaamheden aan de overzij.

Deelraden zijn een uitvloeisel uit de jaren dat mejuffrouw Grewel namens de PvdA in al haar kwaadaardige onnozelheid de verbeelding aan de macht belichaamde. 't Is jammer dat ze dood is, want als ik haar voorbij zag sukkelen, had ik altijd even dat opgeluchte gevoel dat de zwartste jaren zeventig inderdaad voorbij zijn. Zij was medeverantwoordelijk voor de boycot die de schrijver W.F. Hermans namens de gemeente mocht ondervinden; stout geweest, want in Zuid-Afrika op tournee. Ik heb haar daarover nog eens ondervraagd voor de camera. Ze gaf geen antwoord, maar sprak: 'Snotneus, jij heb de oorlog niet meegemaakt.'

En zo is 't maar net.

Toen Jan Nagel zich afvroeg of Annemarie zwanger was van haar teckel en Nelly Frijda de geschokte mensheid van deze wandaad verslag deed op televisie, barstte Sonja Barend bijna in huilen uit. Mejuffrouw Grewel mocht graag fora ten behoeve van de Vrede voorzitten, waarbij tegenstanders van de kruisraket exact drie keer zoveel spreektijd kregen als zij die zich vóór durfden uit te spreken. Waarna de voorzitster objectief vaststelde dat er voor de Amerikaanse bewapening geen draagvlak was te vinden onder de Nederlandse bevolking. Uiteraard marcheerde het wezen ook mee met de Vijfde Colonne die op het Museumplein eenzijdige ontwapening eiste. Bij gebrek aan argumenten sprak mejuffrouw Grewel vaak en graag over haar belevenissen tijdens de Bezetting, waaraan zij haar morele gelijk inzake verkeerspaaltjes, euthanasie en het slechte weer ontleende. Bij het beluisteren van haar pacifistische gebabbel, verbaasde ik me er altijd weer over hoe weinig sommige mensen opsteken van de geschiedenis. Ik heb ezels gekend die zich maar één keer aan dezelfde steen stootten. Als ik mejuffrouw tegenkwam in haar stamcafé De Pieper, loerde ze mij vanachter haar brillenglazen aan en snerpte steevast: 'Ze zeggen dat jij antisemiet bent. Ben jij antisemiet?'

'Maar natuurlijk Annemarie!' knipoogde ik dan. 'Wat jij wil. Een pilsje?'

Ze dronk me met een vies gezicht uit en zei: 'Je bent een rotjongen.'

Zo mocht ik 't graag horen. De eerlijkheid gebiedt me te zeggen dat ik haar te dom vond om te reageren als ze in *de Groene* tegen me tekeerging; maar ook dat ik haar vriendelijk gedag zei toen de grote aftakeling eenmaal was begonnen en ze als een geschoren uilskuiken de nadelen van kanker op progressieve wijze aan de buitenwereld toonde. Met haar dood zijn de duisterste bemoeienissen van de sociaaldemocratie afgesloten.

Lopende Zaken

Het *Volkskrant*-gezelschapsspel 'Petertje pesten' - de hobby ter redactie om filmcriticus Peter van Bueren te treiteren - is een nieuwe ronde ingegaan. Van Bueren had van de rechter gelijk gekregen dat zijn werkgever hem na al die jaren niet dwingen kon zich met minder verheven zaken dan Film bezig te houden. De hoofdredacteur zag Van Bueren het liefst kinderboeken recenseren - zulks heet in het jargon der pygmeeën 'multi-inzetbaar' - maar haalde dus bakzeil. Wat nu gedaan? Vanaf 1 september mag Van Bueren geen Chef Film meer zijn. De nieuwe Chef Film heet Ronald Ockhuyzen, thans televisiecriticus voor *de Volkskrant*. Bij de hoofdredactie leeft het gevoelen dat met de benoeming van Ockhuyzen twee vliegen in één klap worden geslagen: 1. een nieuwe kans om Van Bueren definitief de ziektewet in te pesten, 2. Ockhuyzen er zorg voor laten dragen dat al die overdreven aandacht die nu op de filmpagina heerst voor 'de Bulgaarse Kunstfilm' verdwijnen zal, om plaats te maken voor grote recensies over Hollywoodproducties.

Ockhuyzen heeft Van Bueren gevraagd 'de agenda bij te houden' en 'mij in te werken'. In een grijs verleden heeft Ockhuyzen 'als bijvak' Film gestudeerd en ontleent daaraan zijn autoriteit. Hieraan heeft de nieuwe Chef een smaak overgehouden die - hoe zeggen we dat nu diplomatiek - aanschurkt bij heersende opvattingen over wat mooi is en lelijk.

Ockhuyzen blijkt bijvoorbeeld erg enthousiast over *Het jaar van de opvolging*, de nieuwe serie van Jan Blokker en Frans Weisz. Om een insider te citeren: 'Er zijn niet veel mensen die zo voorspelbaar zijn als Ronald. Hoe middelmatiger, hoe ambitieuzer. De hoofdredactie baalt van al die aandacht voor moeilijke films en het Festival van Thessaloniki, waar Van Bueren altijd heen wil.'

Nadat Michaël Zeeman jarenlang pogingen ondernam

om Peter weg te werken, is het woord nu dus aan Ronald. Dezelfde insider: 'Hij krijgt een jaar. Als ie Van Bueren dan definitief op de knieën heeft, zal zijn ster rijzen. Een benoeming tot Chef Kunst misschien?' Ockhuyzen is natuurlijk ook een groot bewonderaar van Sonja Barend, die hij verslijt voor 'professioneel', en 'een vakvrouw'. Zalig zijn de onnozelen van geest, zou je kunnen zeggen, maar dat zou geen recht doen aan de vlijt die de nieuwe Chef Film altijd tentoon heeft gespreid. Er zijn niet veel medewerkers aan *de Volkskrant* die zozeer de puisterige burgerlijkheid van de jaren zeventig belichamen als deze Ronald. Zijn recensies worden altijd op tijd ingeleverd en druilen als motregen voort. Juist hierin ligt zijn betrouwbaarheid voor de hoofdredactie besloten.

De vraag is of Van Bueren ook deze keer taai genoeg zal blijken om het canaille te verdragen. Freelance filmmedewerker Huib Stam zou een mildere chef voor hem zijn geweest. Stam, die altijd heeft geroepen geen vast dienstverband bij *de Volkskrant* te ambiëren, is thans danig op zijn pik getrapt: 'Wat moet ik onder Ockhuyzen? Waarom hebben ze mij niet gevraagd?'

Te laat.

Denkend aan Van Bueren zie ik een eeuwige student voor me, iemand met wie je heel erg kunt lachen, die van doorzakken houdt, talent heeft voor foute vrouwen, gek, aardig, eenzaam en behept met één ontembare passie: Film. Ik heb 'm vaak beledigd, 'kapelaan' genoemd en uitgelachen, maar nu puntje bij paaltje komt geloof ik dat 't tijd wordt toe te geven dat een *Volkskrant* zonder besprekingen van de kapelaan over de belangrijkste nieuwe films, een armere *Volkskrant* is.

En wie is eigenlijk geïnteresseerd in het oordeel van iemand die mevrouw Barend 'de First Lady van tv' noemt?

De hinkelbaan

Het feest van de democratie wil maar niet sprankelen en ik vraag me af of er ooit een saaier campagne is gevoerd. En Bolkestein is weer de enige die hardop durft te mijmeren over wat je niet mag denken, namelijk dat er te veel komen van zunnie.

Z'n tegenstanders houden er wel mooie praatjes en vertoon van medemenselijkheid op na, maar zijn niet bereid toe te geven dat de Bolk pijnlijke vragen stelt met de schaduw van Gelijk als een smet op hun onbevlekte ontvangenis.

Mevrouw Van Gogh en de camera waren met me mee. Mevrouw Van Gogh was gehuld in een zwarte soepjurk met sluier. Ik introduceerde haar bij meneer De Hoop Scheffer aldus: 'Ik heb haar laten besnijden. Daar wordt ze rustig van.' Meneer De Hoop Scheffer werd ook al boos toen ik hem de vraag voorlegde of ie betaald wordt door de Franse ambassade om het standpunt van Chirac inzake softdrugs uit te dragen.

De Hoop Scheffer: 'Ik beantwoord alleen serieuze vragen.'

De leider van het CDA was bijzonder verheugd dat ik geen stukjes meer mag schrijven voor *HP/De Tijd*, een pluim op de hoed van die andere grote denker, de heer Bert Vuijsje. 't Ergste van het CDA zijn, geloof ik, de hoempapadames die na afloop onvermijdelijk in getoeter uitbarsten. Ze lachen als Joop ter Heul, doen nog geen vlieg kwaad en geven je het gevoel op lichtjaren van Amsterdam te verkeren.

De premier keek naar mijn veters en zei: 'Ik voel me altijd begaan met mijn zwakke medemens. Struikel niet.' Bolkestein is 't niet met me eens dat de pil in het leidingwater moet teneinde overbevolking te voorkomen. Rosenmöller blijft 't moeilijk vinden om toe te geven dat ie miljonair is.

'Is uw familiekapitaal wel belegd in een groen fonds?'

'Geen idee!'

Marijnissen heeft een hart van goud, maar ook een achterban van horrelvoetende *looney's*, Paviljoen Zeven deerlijk voorbij. Mevrouw Borst is het levende bewijs dat domheid en arrogantie meestal samengaan, maar ook dat hoogmoed komt voor de val. Ik ontsteek mijn kaarsje op de teloorgang van D66, de partij die het land de eerste minister van Justitie schonk voor wie meineed plegen (tijdens de IRT-enquête) een fluitje van een cent is.

De enige interessante vraag is dus: waarom is Bolkestein zo in het defensief? Waar is zijn soevereine manier van campagnevoeren gebleven? Waarom zit ie zo slecht in z'n vel?

Kok raakt geïrriteerd als je hem vraagt waarom ie geen getal wil noemen als 't om asielzoekers gaat. Hij is zonder twijfel de autoritairste hotemetoot die ik ooit ben tegengekomen. Tegelijkertijd gebiedt de eerlijkheid te zeggen dat ie bijna niet te vangen is, een formidabele ontwijker, slim, scherp en - buiten de camera - een bitse cynicus.

En toch... ik reed van Arnhem naar Nijmegen, passeerde de auto van de minister-president en stak m'n hand op. Kok zwaaide in hemdsmouwen terug. De zon baadde ons. En ik dacht: Gezegend is het land waar de premier zonder politiebegeleiding de weg opgaat. Geen gorilla's. Geen BVD'ers. Geen kapsones. Geen vinger aan de trekker. Geen zweem van gewichtigheid.

Een bewonderenswaardige man.

Wie-o-wie?

Op AT5 zie ik de zegeningen van de multiculturele samenleving verbeeld bij monde van het nieuwbakken PvdA-raadslid Fatima, een juffrouw uit Marokko die gehuld gaat in een hoofddoek. Ik heb wel 'ns gehoord dat hoofddoeken de onderworpenheid van de Arabische vrouw symboliseren, dat hoofddoeken een teken zijn van de duisterste Middeleeuwen die ons wachten als de islam zou heersen op aard.

Ik hou niet van hoofddoeken, maar de eerlijkheid gebiedt me te zeggen dat toen ik vroeger van school werd gestuurd om bij de kapper m'n haar te laten millimeteren - alleen dan mocht ik blijven -, ik me danig in de zak gescheten voelde. Zoals ik vocht voor m'n krullen, heeft zij nu evenveel recht op haar hoofddoek. 't Is niet anders. Juffrouw Fatima babbelt wat over de rellen in Amsterdam-West. Zij heeft louter goedwillende jongelui gesproken, allen het slachtoffer van 'ons' onbegrip voor de Marokkaanse cultuur. 't Gekke is, als ik met m'n zoon op bijvoorbeeld het August Allebéplein kom om naar de film te gaan, zie ik iedere keer weer tuig van de richel dat op brommers (90% gestolen volgens de politie) de laatste Nederlandse ouden van dagen en de laatste Nederlandse winkeliers in de buurt terroriseert. Volgens juffrouw Fatima hebben wij hen 'in de steek' gelaten; volgens mij worden de autochtonen consequent in de steek gelaten, door een bange gemeenteraad, een bange deelraad, een bange burgemeester en nog zo wat van die boven-ons-gestelden die liever niet hun vingers branden aan politiek-incorrecte soep. Patijn heeft z'n schoenen uitgedaan in de moskee en geroepen dat Amsterdam binnenkort geregeerd zal worden door een allochtone meerderheid. Getalsmatig heeft ie gelijk en vanuit democratisch oogpunt valt er niets op aan te merken. Misschien kan je als autochtone Nederlander maar beter de stad uit, al was 't maar om je kind op school onderwijs te laten krijgen in z'n eigen taal en niet te laten ophouden door de kindertjes van ouders die weigeren Nederlands te leren.

Ik ben van mening dat juist Marokkanen ons diepste wantrouwen verdienen; de manier waarop ze hun kinderen tot 's avonds laat op straat doen rondscharrelen, slaan, in de steek laten; de statistieken die een extreem hoog Marokkaans percentage aangeven onder jeugdcriminelen... Je mag niet generaliseren, ik weet 't, maar ik koester mijn vooroordelen in de wetenschap dat de werkelijkheid van Amsterdam-West oneindig veel gruwelijker is dan de blijde boodschappers van de multiculturele samenleving ons willen doen geloven.

Over drie dagen wordt er van mij gevraagd dat ik aan mijn democratische plicht voldoe en stem. Moet ik op Bolkestein stemmen, of op Marijnissen? Stem ik met m'n hoofd of met m'n hart?

Zij durven, als enigen, hardop te zeggen dat er iets heel erg mis is met de manier waarop in Nederland gekropen wordt voor vreemdelingen. Marijnissen heeft een hoop verstandigs te melden over de gedwongen aanpassing van autochtonen aan allochtonen die bij ons wordt voorgestaan. Bolkestein is nooit bang geweest om te zeggen wat ie dacht, ondanks een hoop geloei over zijn vermeende 'racisme'. Hij meldt dat er een grens is aan hoeveel vluchtelingen een land kan opnemen en blijkt evenmin te beroerd om daarbij getallen te noemen: 15.000 per jaar is wat hem betreft de grens. Heeft ie daarin gelijk?

Ik vind dat onze afgedwongen aanpassing aan buitenlanders het enige interessante strijdpunt is van deze verkiezingen. Waarom laten we ons terroriseren door etnische minderheden die weigeren zich aan te passen? Waarom moet ik tolerant zijn voor de islam als die zulks niet is voor mij als ongelovige?

Zal ik op Bolkestein stemmen of op Marijnissen?

Wie 't weet: stuur me uw boodschap.

Voor één keer zal ik u serieus nemen.

Lazy Sunday

Hoe je ook je best doet om het gebodene 'spannend' te vinden, ergens diep van binnen knaagt onloochenbaar het besef dat men maar beter dood kan zijn dan nog vijf minuten langer te moeten kijken naar deze Uitslagenavond, naar de monsterlijke zelfvoldaanheid van die mevrouw Borst vooral...

Ik ken geen ander land ter wereld waar een minister-president twee dagen voor de verkiezingen oproept om op een naaste concurrent van z'n eigen partij te stemmen.

Een concurrent die het land een meinedige minister van Justitie schonk.

Een concurrent die de minister van Buitenlandse Zaken leverde onder wiens politieke verantwoording Nederlandse troepen applaudisserend toekeken hoe achtduizend moslims even verderop werden geëxecuteerd.

Een concurrent die onder leiding van dezelfde mevrouw Borst een grote puinhoop op het ministerie van Volksgezondheid nalaat.

Wat doe je met zo'n partij?

Die laat je deelnemen aan Paars II.

Wat doe je met zo'n vrouw?

Die laat je terugkeren op Volksgezondheid.

Da's logisch, hè?

Mevrouw Borst belichaamt alle arrogantie die het komende kabinet zal uitstralen; onnozel, incompetent en bovenal ernstig ingenomen met zichzelf. D66 is een partij van schaamteloze oplichters. Maar de kiezers vonden mevrouw 'zielig' en trapten in de flauwekul dat Kok en Bolk niet zonder D66 kunnen.

Je gelooft je ogen niet.

Nu ja, ik zou met evenveel aplomb kunnen volhouden dat een land waar de politiek zo saai is, een gelukkig land is. Geen politieke gevangenen, geen censuur en wie genaaid wordt door Borst cum suis staat dat uit eigen keus toe.

Ik moest denken aan Haagse Linda, een trouwe lezeres van deze rubriek. Laatst stuurde ze per e-mail een foto van zichzelf, die ik nauwgezet bestudeerde. Leuke vrouw, beetje mistig, beetje koket. Omdat ik een onthande projectontwikkelaar in Liefde ben, besteedde ik een middag om dankzij enige illegale handelingen en een enkele druk op de knop achter haar telefoonnummer te komen. Nu zit ik met de hoorn in de hand en repeteer m'n eerste zin: 'Besef je wel, Linda, dat de grote Scenarioschrijver hierboven jou heeft uitverkoren om met mij wat te kuieren over de Pier?'

'De Pier is wegens werkzaamheden gesloten, meneer Van Gogh.'

''t Gaat om het gebáár, Linda.'

Te vrezen valt dat mijn gebaren te groot zijn. Scheveningen is trouwens een oord waar de graftak welig tiert. Zou Linda talent hebben voor Geluk? Misschien moet ik toch eens bij haar langs met m'n toeter.

Deze week smaakte ik het genoegen een Koreaanse studente te verschalken die middeleeuwse Nederlandse letterkunde studeert. Ik viel voor haar ogen, waarvan ik terecht vermoedde dat ze op hemelse wijze naar elkaar toe zouden draaien als het wonder van het vrouwelijk orgasme zich zou meedelen. Of zou ze gefaket hebben? Linda, fake jij wel 'ns?

Vroeger was het persoonlijke politiek en de politiek persoonlijk. Als kind van de radeloze jaren zeventig heb ik geleerd het een niet te verwarren met het ander. Als over twee jaar het doek valt over Paars II, zal ik dán wel met Linda over de Pier hebben gewandeld?

Linda, je weet niet wat je mist.

PS Na het lezen van dit stukje op de website meldde Linda dat ze naar Argentinië was verhuisd. Verliefd.

’t Is hier verschrikkelijk gezellig

De burgemeester van onze geweldige stad is een week naar Marokko geweest, in gezelschap van een mastodont die Van der Aa heet en een raadslid met een hoofddoekje wier naam mij nu even is ontschoten. De belastingbetaler was aangesproken om de Amsterdamse delegatie zich op de hoogte te doen stellen van hoe men nu in het land van koning Hassan zelf met probleemjongeren omgaat. Je zag op AT5 een dia van de burgemeester die op straat met wat jongetjes voetbalde en even verderop verklaarde le grand Schelto dat ‘we niet moeten overdrijven’. Hij doelde hiermee op uitspraken van commissaris Kuiper, die verleden week gezegd had dat Amsterdam-West ‘praktisch onleefbaar’ was. En gnuivend voegde Patijn hieraan toe: ‘Ik maak me meer zorgen over hoe ’t moet met het geweld van supporters bij voetbal.’

Gek: ik niet.

Het voetbal zal vanzelf ten onder gaan, nu binnenkort de eerste doden op de tribune zullen vallen omdat supporters van de tegenpartij de trekker overhalen.

’t Beste is de liefhebbers elkaar ongestoord te laten afmaken, ook al omdat er geen stompzinniger officials zijn te vinden dan die van de KNVB. ’t Is bovendien een mooi gezicht om Neanderthalers als Picorni naar hun laatste rustplaats begeleid te zien worden.

De eredivisie is over vijf jaar verdwenen.

Zijn de Marokkaanse jongeren die het August Allebéplein terroriseren ook over vijf jaar weg? Te vrezen valt van niet. Dat komt omdat de burgemeester van Amsterdam er trots op is in zijn gevolg een onderdrukt vrouwtje met hoofddoek voor te gaan. Het vrouwtje glundert en wordt voorgesteld als de vleesgeworden zegening van onze geweldige multiculturele samenleving; de bloem van Marokko, geplukt in Nederland.

’t Is natuurlijk jammer dat jeugdcriminaliteit voor een

onevenredig hoog percentage veroorzaakt wordt door Marokkanen en 't gekke is ook dat wanneer een rector ener middelbare school te Utrecht in zijn onschuld de knuppel in het hoenderhok gooit en zegt dat 80% Marokkaanse aanwezigheid op zijn school reden tot opheffing zou moeten wezen, het land te klein is, enfin... Nu ja, aan Marokko hebben we kamerlid Rabbae te danken, u weet wel, die Rushdie wegens belediging van de Profeet voor de rechter wilde slepen. Marokko toont de blauwdruk van de zegeningen die ons te wachten staan.

De burgemeester van Amsterdam meent dat we in vrede moeten samenleven met de onverdraagzame, niet tot aanpassing geneigde leden van een agressieve minderheid die in gewelddadigheid het gepeupel rond de stadions glimlachend in de schaduw stelt. Dat is een misverstand; men vertrekke liever.

Zulks geschiedt dan ook massaal. Het machteloze proletariaat van authentiek Amsterdam kankert voorwaarts in Purmerend, waar geen buitenlander te vinden is.

In Amsterdam zelf ziet de burgemeester het hoofddoekje van zijn raadslid ongetwijfeld als een verrijking van onze cultuur, niet als een teken van onderdrukking. Het misverstand is dat de burgemeester denkt zich 'tolerant' op te stellen door ook de duisterste Middeleeuwen als baken van hoop en verlichting voor te stellen. Die stoute jongetjes op het August Allebéplein haten vrouwen zonder hoofddoek, haten homoseksuelen, haten ongelovigen, Allah-loochenaars en Nederlanders in het algemeen.

En Allah geeft hun gelijk.

Het gedoe

In Pakistan begon deze week de Derde Wereldoorlog en deelraad Zuidoost van de gemeente Amsterdam heeft het woord 'allochtoon' in de ban gedaan. Wij leven in een gezegend land.

Het ingewikkelde van stukjes schrijven over 'minderhedenproblematiek', 'positieve discriminatie' en jeugdcriminaliteit onder bijvoorbeeld Marokkanen is dat er altijd wel deze of gene wakkere strijder opstaat die jouw bevindingen voor 'racistisch' verslijt.

Wie, zoals ik, meent dat de islam een gevaar vormt voor vrouwen, homoseksuelen en vrije meningsuiting, en dat de betrekkelijke verdraagzaamheid die het Westen kenmerkt een doorn is in het vlees van Allah, dient met veel omhaal van woorden te verklaren dat ie aan de goede kant staat. Niet iedere moslim veroordeelt Rushdie, niet iedere koranverkondiger heet Khomeiny.

Ik weet 't.

Voor politiek-correcte denkers is het een uitkomst dat er ook totalitaire christenhonden zijn. Deze week mocht ik vernemen dat een stukje dat ik ooit schreef in *HP/de Tijd* door de Bond tegen het Vloeken voorgelegd zal worden aan het Europese Hof. Ik had het opgenomen voor Theodor Holman, die christenen 'in het algemeen' als 'misdadigers' had omschreven.

Holman werd door de Nederlandse rechter vrijgesproken van de beschuldiging het christelijk deel der natie te hebben gediscrimineerd. Vandaar dat zijn aanklagers het in mijn geval nu hogerop gaan zoeken. Voor Talk Radio vergeleek hun woordvoerder mijn 'belediging' met een overtreding van de snelheidswet: 'Als meneer Van Gogh harder rijdt dan honderdtwintig krijgt ie een boete.' Ik antwoordde dat meneer Van Gogh geen rijbewijs heeft, maar wel regelmatig over water loopt.

Men kan niet oneerbiedig genoeg spreken over gelovigen die naar de rechter stappen om hun gelijk te krijgen. Ook meen ik dat een samenleving zich onderscheidt van de barbarijen elders ter wereld als ze haar onderdanen het recht geeft om ongestoord God of Allah voor joker te zetten. Dat recht moet altijd weer worden bevochten. 't Is natuurlijk amusant en een hele eer dat aanhangers van die rotte vis van Nazareth juist mijn stukje hebben uitverkoren en 't zal me waarlijk aan mijn kont roesten wat het Hof van Europa van mijn mening vindt. Maar de gedachte dat een pressiegroep van fundamentalisten tot in lengte van jaren een juridische vendetta zal voeren om ongelovigen voortaan het zwijgen op te leggen, zou ook de lezer die geen liefhebber is van mijn knipoogjes, tot nadenken moeten stemmen. Mijn aanwezigheid blijft verwarring zaaien; zo beweert Rogi Wieg in zijn laatste boek dat ie veel met mij heeft samengewerkt en dat ik mij omring met 'joodse medewerkers'. Voorts dat ie mijn persoontje 'dubieuzer' acht dan de bekende antisemiet Richard Wagner en dat ik op zijn vraag of ik joden over de kling zou jagen als ik daarvoor de kans kreeg, geantwoord zou hebben: 'Absoluut niet.'

Ik heb Wieg wel eens een scenario laten schrijven, 'omring' me niet met joodse medewerkers, ben zeker dubieus maar niet daarom, en mag toch hopen dat ik nooit zoiets braafs zou zeggen als: 'Absoluut niet.'

Ik vind Wieg een sympathieke gek, die ik graag mocht ondervragen op AT5 over zijn bigamie, die soms prachtige gedichten schreef en wiens radeloosheid over het gebrek aan erkenning dat hem ten deel valt op mijn begrip kan rekenen. Maar dat ie z'n vriendje Leon de Winter opvoert als iemand die ik het leven onmogelijk probeer te maken 'vanuit de krant', komt me nogal dom voor. Ik heb wel wat beters te doen en mag hier tot mijn verdediging ook nog aanvoeren dat niet Theo van Gogh een lobby heeft opgezet met het Openbaar Ministerie om degenen die hem tegenspreken tien jaar lang voor de rechter te slepen. Zal Wieg net zo'n kitscherige gaskamerartiest worden als meneer De Winter?

Wij smeken Jaweh om genade.

Den vaderland getrouwe

Ik lees *Vrij Nederland* te weinig en zo komt 't dat ik 9 mei jl. de bijdrage miste die de leider van het naoorlogs Verzet wijdde aan het Republikeins Genootschap. Piet Grijs babbelt wat over waarom hìj geen lid wordt van die club en waarom híj geen bijdrage wil leveren aan een dit najaar te verschijnen antimonarchistisch boek.

Zoals bekend heeft Grijs Anne Frank gered en verdient alleen al daarom mijn gevoelens van innigste eerbied. Grijs maakt zich zorgen over 'de gezondheid van het Republikeins Genootschap' en pocht dat ie 'al die heertjes' eerder al belachelijk heeft gemaakt.

't Grappige is dat Grijs niet vermeldt dat ie zelf ook lid is geweest van het Genootschap. Toen Hans van den Bergh hem belde met de mededeling dat mijn persoontje eveneens tot de gelederen ging toetreden, was 't even stil in Parijs.

Toen klonk een hartenkreet van gene zijde: 'Dan kan ik geen lid blijven!'

Piet Grijs is een principiële denker die van republikein monarchist wordt omdat één lid hem onwelgevallig is. 't Is altijd een genoegen om meneer op de eigen borst te zien roffelen waar het z'n standvastigheid betreft. Nog aardiger zijn de leugentjes waarvan Opa zich bedient. Ik heb al vaker gezegd dat meneer Brandt Corstius een standbeeld op de Dam verdient. Kan Hare Majesteit hiervoor nu niet de benodigde gelden ter beschikking stellen?

In m'n cassetterecorder zit een opname van een gesprek tussen het staatshoofd en malle Pietje dat mij werd toegespeeld door niet nader aan te duiden bronnen.

HM: 'Maar meneer Brandt Corstius...'

Grijs: 'Nee, laat mij nou maar...'

HM: 'Maar die meneer eh... Buikhuisen heeft u ook al vergeleken met Hitler!'

Grijs: 'D-d-daarom juist!'

HM: 'Ik heb meneer Vinken nog wel 'ns aan het hof genood. Wou niet komen...'

Grijs: 'D-d-dat bedoel ik nou! Een n-n-nazi!!!'

Enfin, 't is ontroerend om het begrip tussen deze twee wijze oude mensen gestalte te zien krijgen. Hoogtepunt is het moment dat Grijs zijn lidmaatschap van het Genootschap verdedigt.

Grijs: 'Ik wilde voor u i-i-i-nfiltreren...'

HM: 'Waarom toch, meneer Brandt Corstius?'

Grijs: 'Ik was vier toen de oorlog uitbrak. S-s-s-sindsdien heb ik aan de goede kant gestaan!' En we horen de grote man jubelen van ontroering als ie Majesteit uitlegt dat sedert mei 1940 de band tussen hem en Oranje 'o-o-o-onverbrekelijk' is.

Majesteit: 'Ik zie hier staan dat u als klein ventje O-o-oranje-boven! heeft geroepen! Klopt dat?'

Grijs: 'Z-z-zeker!!'

Mijn aangeboren discretie verbiedt me om verder uit de school te klappen over het Geheim van Soestdijk. Wel wil ik hier verklaren dat 't me verschrikkelijk spijt dat meneer Brandt Corstius uitgerekend vanwege míjn bescheiden aanwezigheid zijn lidmaatschap moest opzeggen. Is hier niets aan te doen? Zou ik misschien m'n eigen lidmaatschap van het Genootschap moeten opzeggen? Meneer Brandt Corstius, wat moeten wij republikeinen zonder uw zeker niet karakterloze inzet? Veertig jaar ben ik nu en de teleurstellingen stapelen zich op. En de vraag dringt zich op of ik deze klap nog wel te boven zal komen...

Wie is er bang voor Paul de Leeuw?

verschenen in het *NRC Handelsblad*, 12 juni 1998

Wij mogen de Voorzienigheid danken dat de beledigingen die Paul de Leeuw zich op tv veroorlooft niet net zo voorspelbaar zijn als de oubollige satires waarmee Renate Dorrestein poogt het denkend deel der natie te verblijden. Maar dat maakt Dorresteins kwaadheid om De Leeuws verschijning niet minder curieus. Wat is er aan de hand?

In haar bijdrage van 29 mei, 'Het fatsoen ligt aan flarden', betoogt ze: 'Alles mag, alles kan, en als De Leeuw en de zijnen er straffeloos mee wegkomen, waarom jij dan niet?' Volgt een tirade die serieus beoogt verband te leggen tussen 'het nodeloze kwetsen' van de presentator en de moord op Meindert Tjoelker.

Dorrestein: 'Niet het fenomeen Paul de Leeuw op zichzelf alarmeert mij, maar wel zijn populariteit.' Het bijzondere van 'het fenomeen' is nu juist dat er niemand anders is die zich kan permitteren wat De Leeuw zich toestaat, en tegelijkertijd de meest geliefde televisiemaker van het land blijven. Zijn populariteit is een van de wonderen van de jaren negentig en ik denk niet dat er enig buitenland is waar De Leeuw dezelfde status zou kunnen bereiken. Dat is wat mij betreft een pluim op de hoed van het tolerante Nederlandse volk.

Dorrestein probeert De Leeuw af te doen als een talentloze schuinsmarcheerder van het vrije woord, iemand die zijn positie misbruikt om makkelijk te scoren. Haar tandenknarsen is een schoolvoorbeeld van lui kijken. De Leeuw schreef televisiegeschiedenis als koningin Wilhelmina die - in bezettingstijd teruggekeerd - oprijst uit de branding om te plassen op haar geliefde toilet in de duinen bij Zandvoort aan Zee. Hij liet blinden een rots beklimmen, sloeg kinderen voor de camera en richtte een monument op voor de viezigheid van alle Bob de Rooys in dit land.

Zo zijn er nog een hoop voorbeelden te noemen van de

zegeningen die zijn verbeelding-aan-de-macht het publiek schonk. Op z'n best betovert De Leeuw het scherm en haalt alle clichés onderuit die aan tv kleven. Zijn tandpastalach is meer een onbetrouwbare grijns en hij doet veel wat de God van Hilversum verboden heeft: mensen in de rede vallen, eerbiedwaardige artiestes dronken laten optreden, grapjes maken met de geestelijk gehandicapte medemens, niet in een Opperwezen geloven, vals-zijn, oneerbiedig, niet aardig, niet gelikt, stuitend slijmen met boven-ons-gestelden, informeren naar het oorlogsverleden van zekere artiesten, kortom, nooit behept met de ziekte die Goede Smaak heet.

Hij lijkt wel een echt mens.

De Leeuw is bovendien een getalenteerde entertainer die zijn vloeken in de kerk van Dorresteins deftigheid improviseert. Hij neemt daarmee risico's omdat ie - daarvan ben ik overtuigd - niet anders kán. Z'n woede over de mensen en dingen is verpakt in de knipoog die bij populaire televisie hoort, maar daarom niet minder oprecht. En z'n vraaggesprekken - door Dorrestein 'nodeloos kwetsend' bevonden - getuigen van meer liefde voor mensen dan de schrijfster in ook maar een van haar personages heeft kunnen leggen.

De anarchie die De Leeuw op het Nederlandse scherm brengt, is anders van vorm maar daarom niet minder ingrijpend dan de revolutie die Wim T. Schippers destijds teweegbracht met Sjef van Oekel, Haché en Servet. Beiden gaven aanstoot door een lange neus te trekken naar 'wat hoort'. Beiden mochten orkanen van verontwaardiging veroorzaken. Beiden werden groot door hun aangeboren gebrek aan respect voor wat betamelijk is in de wondere wereld van Dorrestein.

Dat de schrijfster wordt bijgevallen door de mislukte Directeur Televisie van de VPRO, die ons in vertrouwen mededeelt dat hij zeker niet te gast zou willen zijn bij De Leeuw, hoeft niet te verwonderen; de VPRO is de conservatiefste omroep van dit moment en zo saai dat je je onwillekeurig afvraagt of ze bij die club ooit naar hun eigen programma's kijken. Optreden bij De Leeuw is een kwestie van uitgenodigd worden, trouwens.

De gasten die een tikje bij De Leeuw incasseren komen vrijwillig. Tjoelker diende zich vrijwillig aan, maar daarmee houdt iedere vergelijking op. Nozems met vetkuiven veroorzaakten in de jaren vijftig het Ach en Wee bij de domste moraalpredikanten; Paul de Leeuw mag nu steen des aanstoots zijn voor 'intellectuelen' als Dorrestein. De geschiedenis herhaalt zich; dat is eervol voor de presentator en amusant voor ons.

Niet zo aardig is Dorresteins gesol met het lijk van Tjoelker, die niet stierf om beweend te worden door minder getalenteerde theetantes. Dat Dorrestein Tjoelker nodig heeft om haar gelijk te halen, is van een smakeloosheid waarop ik De Leeuw nooit heb kunnen betrappen. De man die wekelijks de vooroordelen van miljoenen mensen ontregelt, heeft niets te maken met het geestelijk lompenproletariaat en alles met vrijheid van denken. Hij had een minder onnozele tegenstander verdiend.

Dood aan de rechtvaardigheid

Een liefhebber van de uitspraken over allochtonen en asielzoekers van meester G.B.J. Hilterman ben ik niet, want hij generaliseert en daarmee geef je de eikels van deze wereld een argument in handen. Maar dat de AVRO onder leiding van die ruggengraatloze opportunist Kees van Twist 't bestaat om meester GBJ officieel te berispen, mag met recht een gotspe worden genoemd.

Het 'gebrek aan cultuur' dat meester GBJ vermoedt onder de nieuwe immigranten is vergeleken bij het zwarte gat dat Van Twist en de zijnen teweegbrengen een wonder van ontwikkeling. Vaak heb ik meester GBJ in de kou zijn teckels zien uitlaten, mistroostig de toestand in de wereld in zich opnemend van onder een bontmuts. Hij is een steen des aanstoots om zuinig op te zijn.

Mijn geloof in de liefde is niet groot, maar denkend aan meester GBJ zie ik hem en zijn vrouw Sylvia de *Haagse Post* van de jaren zestig uitmesten en openstellen voor de nieuwe tijd. Hun samenwerking heeft iets bijzonders, iets genereus, iets van 'Kan mij 't schelen als 't misgaat'. Dat Hilterman het blad later verkocht toen 't te wild werd, is even logisch. Hoe zal de Geschiedenis over hem oordelen?

Als burger van een vrij land heeft men, geloof ik, de zedelijke plicht zijn stem te verheffen, ook als het verkondigde oordeel de dames en heren van de goegemeente niet bevalt. Die overtuiging is meester GBJ in elk geval toegedaan, en terecht. Dat Elsbeth Etty zijn gewraakte radiocolumn in *NRC Handelsblad* 'xenofoob' noemt, dient op de koop toe te worden genomen.

Ik vraag me af hoe de Geschiedenis zal oordelen over Piet Grijs, die in *Vrij Nederland* week in week uit Buikhuisen met Hitler vergeleek. Twintig jaar later geeft de wetenschap Buikhuisen gelijk en stuurt Grijs het bos in - er ís verband tussen erfelijkheid en criminaliteit. Grijs was even visionair als de leden van de Inquisitie die Galilei veroordeelden en die nog steeds met het schaamrood op hun uitgekauwde kaken de Geschiedenis om vergiffenis vragen. Het aardige voor Grijs is dat in Nederland niemand zich verwondert: Gek dat iemand die zo geblunderd heeft wegkomt met z'n domheid. Wim T. Schippers dorst Grijs tijdens de uitzending van *Zomergasten* niet aan te pakken, nergens over dus ook niet over Buikhuisen, en dat was jammer, want nu zal Grijs in het vervolg wel verwijzen naar dat onbenullige vraaggesprekje om van lastige lijken in de kast voortaan verschoond te blijven.

Wie dit alles hardop overpeinst, komt misschien tot de conclusie: Er is niemand meer die Grijs leest. Onleesbaar geworden. Wie leest eigenlijk *VN* nog? Ik vind dat onbevredigend. Juist wie zo hooggestemd karaktermoord pleegde op Buikhuisen als Grijs, dient zich te verantwoorden. 't Zou van moed hebben getuigd als Grijs had kunnen opbrengen: Sorry, ik heb 't toen verkeerd gezien.

Wezel van nature heeft de dappere Buikhuisenbestrijder die logische verontschuldiging natuurlijk nooit gemaakt. Interessanter dan Grijs is zijn gevolg van meelopers toen, zoals Cherry Duyns en Roelof Kiers. Kiers is dood en de muil van Duyns is nog altijd groot. Behalve Emma Brunt en Boudewijn Büch nam niemand het op voor 'de Hitler uit Leiden'. Met recht mag de vraag worden gesteld: is er in Nederland ooit een verwerpelijker generatie aan de macht geweest dan die van de machthebbers van de jaren zeventig?

Nu generaliseer ik zelf.

Even slikken

‘Welingelichte kringen melden mij dat de slokdarmkanker van Joop afkomstig is van de kuthaartjes van Ageeth Scherphuis,’ klonk mijn buurman opgewekt.

‘Als je zoveel hebt gelogen als Van Tijn, kan ’t niet anders of je stikt op een dag in je eigen leugens,’ peinsde ik.

‘Ik weet zeker dat al die publiciteit rond Joops slokdarm een rookgordijn is om te verbergen dat de redactie van *Vrij Nederland* haar hoofdredacteur heeft weggestuurd.’

Grachtengordelwaarnemers Rob Malasch en Theo van Gogh nipten aan hun glas champagne en proostten op de gezondheid van de hoofdredacteur. Ik zou liegen als ik beweerde niemand slokdarmkanker te gunnen en ik geloof niet dat er met meneers naderend verscheiden enig mededogen van mijn kant verloren zal gaan. Maar in gedachten zie ik Joop toch met een knipoog voor me. Het zelfbenoemde Geweten van *VN* dat me na de geboorte van m’n zoon belde: “Gefeliciteerd, m’n jongen! Wanneer kom je weer voor ons schrijven?”

Tien dagen later hoorde ik mezelf op de radio aangeduid worden als ‘die antisemiet’. Aan het woord was dezelfde spreker. Veel mensen werden kwaad over de elastische manier waarop Van Tijn, een verrader uit innerlijke noodzaak, met hen omging. Maar zelf heb ik altijd aardigheid gehouden in Joops rattige charme, die deze en gene tot hun eigen verbazing deed veranderen in zoutpilaren.

Typerend ook waren zijn zijn hooggestemde woorden toen de Dikke Man stierf. Als er iemand de pest had aan Van Tijn, was ’t Ischa, die niet meer voor *VN* wilde werken zolang ‘de meest onbetrouwbare man die ik ken’ er de scepter zwaaide. Schrijven kon Van Tijn niet, inpakken des te beter. Hij zal herinnerd worden als de belichaming van het begrip ‘fout na de oorlog’, een neprebel die iets pompeus in de ogen kreeg als ie galmde: ‘Er zijn mensen die hun leven hebben gewaagd voor *Vrij Nederland*.'

Joop heeft zijn leven nooit hoeven wagen voor het blad en ik denk dat ie zulks in z'n hart altijd is blijven betreuren. Alle gebabbel over de oorlog ten spijt, speelde de domste, onverdraagzaamste hetze in Nederland afgedrukt sinds '45 zich uitgerekend af in *VN*, met luidkeelse instemming van Van Tijn. Buikhuisen heeft gelijk gekregen en zijn aanklagers zullen worden uitgelachen door de geschiedenis, ongeveer zoals de grote denkers overkwam die volhielden dat de aarde plat was. Van Tijn, die er in wezen geen mening op nahield maar zijn standpunt bepaalde aan de hand van z'n loyaliteit jegens de sekte op de Raamgracht, was in de laatste jaren van zijn leven een gebroken man. Het socialisme was een vals geloof gebleken en *Vrij Nederland* nu een gedoofde fakkel uit een opgeklopt verleden.

Daarmee had het ontegenzeggelijke elan dat Van Tijn jaren uitstraalde iets kadaverachtigs gekregen. Ik werd altijd vrolijk van deze deftige praatjesmaker, ook al omdat ik niemand ken die gedesillusioneerder naar de wereld keek. Zijn cynisme was een onzichtbare, z'n rug krom trekkende bochel geworden.

Toen een dame me verontwaardigd vertelde hoe de hoofdredacteur haar edele delen had belikt, opkeek tussen haar benen en de onvergetelijke woorden sprak: 'Jij wordt geacht dit prettig te vinden!' kon ik m'n lachen niet houden. Hij was geestig - iets wat je van de meeste *VN*-medewerkers niet zeggen kunt - en wat mij betreft is dat een compliment.

In de hemel mag Joop hopelijk alsnog verzetsheldje spelen.

Allah in de Arena

Omdat ik van nature ongelovig ben, heb ik een hard hoofd in de van boven opgelegde zogeheten 'culturele integratie' van minderheidsgroeperingen. Als mij dus verteld wordt dat het nieuwste slag opstandigen van Voltaire gezocht moet worden in Marokkaanse kring - en wel onder de meisjes - glijdt een sceptische glimlach over mijn lippen.

Het verhaal is aldus: 'Je moet ongelofelijke bewondering hebben voor de moed waarmee sommige Marokkaanse meisjes zich losmaken van hun omgeving. Ze weigeren te doen wat hun broers of vaders bevelen, ze hebben de euvele moed door te willen leren, ze raken van God los soms. Voor die meisjes kan het erg alleen zijn in Amsterdam.'

Stel dat spreker gelijk heeft, ik applaudisseer met hem mee. Mijn grootste zorg geldt de Nederlandse autoriteiten, die altijd weer bereid blijken mee te heulen met imams, Turkse politici en ander geteisem uit Allahs riolen. Laatst liep met toestemming van de gemeente Amsterdam de Arena vol met islamitische fundamentalisten die in Duitsland op de zwarte lijst staan wegens het aanwakkeren van haat tegen en het terroriseren van andersdenkenden. Een meneer van de Welvaartspartij - de club die er in het vroeger zo wereldse Istanbul voor zorgt dat vrouwen niet meer met mannen samen de bus in mogen en alleen gesluierd over straat - kwam met grote muil de zegeningen van het ware geloof prediken, de superioriteit van de koran en de Profeet.

Wordt 't niet 'ns tijd dat de gemeente een geluidsinstallatie financiert die om het uur de grootste moskee van Amsterdam bestookt met in het Turks, Marokkaans en Iranees gejengeld de boodschap dat het een mensenrecht is ongelovig te zijn?

Waarom zou het niets waard wezen onze tolerante samenleving van tegengif te voorzien?

Het treurige is dat de gemeente zich op de borst slaat voor zoiets deerniswekkends als de Gay Games, plechtig Anne Frank herdenkt, solidair was met kindermoordenares Winnie Mandela en ontroerd toezag hoe de penoze van Amsterdam zich verzamelde bij het Homomonument om dealertje Manfred Langer uit te zwaaien bij diens laatste tocht. 't Is allemaal goedkoop, bombastisch, tot niets verplichtend en vooral verdraagzaam jegens fanatici die u en mij over de kling willen jagen. Of 't nu de fanclub van die rotte vis van Nazareth betreft dan wel de geitenneukers van Allah, zij dienen door de boven-ons-gestelden met het grootst mogelijke wantrouwen te worden bezien.

Hun recht van vergadering mag niet worden aangetast, hun vrijheid van meningsuiting evenmin. Maar het ware te wensen dat de gemeente Amsterdam wat vaker en fanatieker de openbare orde in het geding bracht als fundamentalisten van welk slag ook gebruik willen maken van gemeenschapsvoorzieningen. 't Zou een zegen zijn als Amsterdam even enthousiast de Turkse griep bestreed als - laat ons zeggen - Janmaat en de zijnen. Zulks gaf mij als autochtone onderdaan het gevoel dat het bevoegd gezag niet áltijd met twee maten meet.

Maar het vergt natuurlijk minder van een progressieve PvdA'er om de Goereetjes aan te pakken dan een halve bevolkingsgroep bij wie het licht in de bovenkamer allang geleden is uitgegaan. De laarzen marcheren weer, maar dit keer gaan ze gehuld in kaftans en blijven verborgen onder baarden. Miljoenen islamieten over de hele wereld haten de westerse gelijkheid van man en vrouw, het westerse recht om flikker te zijn, het westerse recht om af te wijken van de norm. Een enkel Marokkaans meisje weet misschien beter. Maar verder? Ken uw vijand.

Omdat mijn fiets daar stond

Bij mij om de hoek is een fietsenmaker. Deze week was de straat voor zijn winkel afgezet omdat een Marokkaan een dolk in z'n buik had gestoken. De assistent van de fietsenmaker was dood, want toegesneld toen de baas inéénzeeg; weer had deze Marokkaan geprikt. De reden van dit alles was hierin gelegen dat de Marokkaan vond dat de reparatie van het wiel van z'n scooter niet snel genoeg werd verricht.

Sommige Marokkanen hebben altijd haast.

In *Het Parool* haalde het drama de voorpagina. AT5 wijdde een uitzending als een brug der zuchten aan de steekpartij, zelfs *NRC Handelsblad* schreef er vier regels over. 't Gekke was, nergens kon je zien of horen dat de moordenaar een Marokkaan was: 'De zesentwintigjarige man heeft zich later aangegeven.'

Je mag in een krant niet schrijven dat een Marokkaan wel 'ns haast heeft bij de fietsenmaker en daarom een dolk tevoorschijn haalt. Zo mocht je tot voor kort ook niet schrijven dat 40% van de jeugdcriminaliteit van Marokkaanse origine is. Of dat er een rechter rondloopt in Amsterdam die geen Marokkanen meer mag vonnissen omdat z'n dochter zelfmoord heeft gepleegd na te zijn verkracht door twee Marokkaanse jongens. Of dat de winkeliers op het August Allebéplein in Amsterdam-West geterroriseerd worden door Marokkaanse jongeren. Of dat de Amsterdamse jeugdrechter wel met Marokkaanse ettertjes op stap gaat om de buurt te bekijken, maar niet met Nederlandse. Die zijn, publicitair gezien, nu eenmaal minder interessant.

't Zou stigmatiserend werken als in de meeste van deze gevallen het woord 'Marokkaan' aan bod kwam. Het woord 'Marokkaan' mag alleen genoemd worden in verband met toegenomen oogsten van dadels, op papier geslaagde integratieprojecten en respect voor de stokslagen van de Profeet.

Mijn buurvrouw is een respectabel iemand met verlichte opvattingen over Marokkanen. Ik mag haar graag en als ik haar in de meest zwarte termen de zegeningen van Allah schilder, lacht ze me uit en zegt: 'Ik voel me niet bedreigd!' Toen ik haar vertelde van de Marokkaan, zei ze: ''t Had ook een Turk of een Nederlander kunnen wezen. Die fietsenmaker maakt altijd dealtjes. Dat kan een keer fout gaan.' Inderdaad, 't had een Turk of een Nederlander kunnen wezen die vond dat ie niet snel genoeg geholpen werd. Maar 't was een Marokkaan.

't Is meestal een Marokkaan.

Ik vond 't leerzaam om in de eerste reflex van progressief fatsoen bij mijn buurvrouw meteen de Nederlandse fietsenmaker verdacht te zien maken. Buurvrouw heeft heel de mensheid lief (behalve Nederlandse fietsenmakers) en vooral ook onze broeders en zusters wier cultuur flikkers veracht, vrouwen minderwaardig vindt en die in de kerkers van koning Hassan - waar, zoals bekend, de vrijheid van meningsuiting welig tiert - jou ongezonde denkbeelden afleert.

Als ik mijn buurvrouw hoor, bekruipt mij een zeker heimwee naar de dagen dat ik zelf nog politiek-correct geen Marokkaan zag, alleen 'de kansarme allochtoon'. De wereld is overzichtelijk als je kijkt met de bril die in de vrome pastorie van Links gedragen wordt. Alleen, ik geloof die bril niet als ik niet mag zeggen dat een Marokkaan een Marokkaan is.

Natuurlijk mag ik niet generaliseren. Ik heb groot respect voor de Marokkaanse meisjes die zich tegen de klippen op van hun autoritaire broers en vaders losmaken; niet elke Marokkaan is een moordenaar; en ik heb me wel eens gek gelachen om een Marokkaanse *stand-up comedian.*

Maar zolang zedenmeesters van de Correcte gemeente mijn Marokkaan de Moordenaar verdonkeremanen in de krant of op tv, zolang belief ik Marokkanen Marokkanen te noemen. Mijn buurvrouw meent in stilte dat ik 'discrimineer' en hoewel míj te binnen schiet: 'Zalig zijn de onnoze-

len van geest', neem ik haar niks kwalijk.
Ze weet niet beter.
Ik wel.

Clinton

Vanmiddag zag ik Primary Colors, prachtige film die de toeschouwer aan het eind een pijnlijke vraag stelt. Heeft Clinton (Travolta) gelijk als ie zegt dat z'n aanvaarden van de stront waarmee kandidaten in Amerika elkaar bekogelen in dit geval noodzakelijk was, 'want wie anders zou 't voor gewone mensen opnemen zoals ik? Als ik gekozen word, kunnen we Amerika veranderen als nooit tevoren.'

Heeft Clinton Amerika ingrijpend veranderd?

Nu de president - hét campagnedier van de jaren negentig - alsnog dreigt te vallen, vraag ik me onwillekeurig af: Wát heeft ie eigenlijk veranderd?

'Niets' beweert de pers.

Wie weet heeft ze gelijk.

Keer op keer wijzen opinieonderzoeken uit dat het Amerikaanse publiek niet geïnteresseerd is in het ontembare libido van deze president. Ik weet best dat Clinton economische groei in de rug heeft; met ieder hoger percentage neemt de goedkeuring van het Amerikaanse volk toe. Deze president wordt op vleugelen van winst gedragen.

Mijn probleem met Clinton is niet Clinton zelf, maar aanklager Kenneth Starr, een specimen van het allertreurigste bezinksel dat in de riolen van Washington DC gevonden kan worden.

Als het Witte Huis probeert Paula Jones belachelijk te maken en er vervolgens inderdaad in slaagt om bij het publiek de mening te doen postvatten dat Paula een bimbo is, denk ik: *Come on, girl!*

Als ik die heks van Tripp achter de microfoon zie staan - '*I'm like you!*' -, denk ik opeens zomaar aan een zielig vrouwspersoon dat seks tekortkomt, niet bemind wordt, alsof al die gefnuikte ambitie van haar mislukking bij het Pentagon als een onzichtbare bochel aan haar rug kleeft; een zielepiet die stiekem opnamen maakt van wat zogeheten vriendinnen haar in vertrouwen vertellen. Als ik juffrouw Lewinsky zie met die baret op in het filmpje waarin de president haar in zijn armen neemt, denk ik aan jeugdherbergen, gezang rond het kampvuur, een fijn gesprek met een oudere man.

Maar Starr brengt het mooiste in mij boven; hoe oenig Clinton ook de vrouwtjes achternajaagt - alsof de grote bosneuker betrapt wíl worden in de courant -, hij is mijn man, want zwak, sexy, charmant, z'n pik achternalopend, kortom van alle mentale handicaps voorzien waarop sinds de jaren zeventig aan de universiteit van het onzalige verbond tussen Feminisme en Fundamentalisme gestudeerd wordt en tegen gewaarschuwd.

Starr is geloven in God, Anne Frank verbieden uit de openbare bibliotheek wegens passages over eerste menstruatie, flikkers haten, huwelijkse trouw prediken omdat je geen ander kunt krijgen. Starr is de sukkel die op de middelbare school geen meisje kon krijgen en nu wraak neemt. Starr is te koop zijn voor het grote geld van de republikeinen. Starr is jurkjes laten onderzoeken op presidentieel zaad. Starr is commandant van de fatsoensgestapo, afdeling Gedachtepolitie. Starrs Amerika is dat van de zinderende puriteinen, het geheven vingertje, *the war on drugs*, de Ku Klux Klan of verholen racisme. Niet een plek om je thuis te voelen.

Dat de man met de vinger aan de knop zich bezig moet houden met wormen die hem vanwege z'n privé-leven naar afzetting willen leiden, is een nadeel van de democratie. Als u mij tegenwerpt dat Clinton onbeduidende gansjes aanzet tot tegenwerking van wat met een groot woord genoemd wordt, de Rechtsgang, haal ik m'n schouders op. Nixon luisterde tegenstanders af, liet inbreken, tegenstanders kapotmaken...

Clinton valt in het zwaard van z'n eigen, onbedwingbare begeerte. In een land dat in z'n grondwet vermeldt hoe iedere burger recht heeft op het nastreven van Geluk (met hoofdletter), zou een zekere prudentie in dit geval de publieke moraal sieren. Nixon of Clinton; 't is of je appelen en peren met elkaar vergelijkt.

Het Koninkrijk en de Macht

’t Is altijd ontroerend om een nieuw hoogtepunt in de westerse beschaving mee te maken. Op AT5 zag ik de burgemeester van Amsterdam meedeinen op de tribune, zag ik de honderd meter gelopen worden in 14 seconden, zag ik de jongens en meisjes van de Flikkerspelen toegezongen worden door die hautaine rolmops, Mathilde Santing.

Je vraagt je wel eens af: waarom ben ik geboren? Maar de Gay Games brachten hoop en vertroosting, want iedereen, nu ja, lachte en danste, je zag meneren hand in hand lopen, je zag dames met achterwerken waar een gezin een hele hongerwinter lang van zou kunnen eten verliefde pasjes maken en haar aarsgezwel begerig kwispelen... ’t Was of alle mensen broeders werden, en dat schijnt iets geweldigs te wezen.

Heel bemoedigend ook was de onwaarschijnlijke burgerlijkheid die van het Festival uitging. Hoe exotischer de uitdossing van de klanten die naar eigen zeggen met hun geaardheid wilden ‘uitdagen’, hoe meer je het gevoel kreeg naar een jolig bedoeld TROS-programma te kijken. Ik mag me nog wel ’ns kwaad maken als de politie de identiteit verzwijgt van een Marokkaan die een fietsenmaker neersteekt omdat zijns inziens het plakken van een band te lang duurt; maar hier werden we juist tot vervelens toe in kennis gesteld van de geaardheid - of moet ik zeggen ‘identiteit’ - der aanwezigen. Ik zag dat onze burgemeester in een roze broek ging golfen en voelde me natuurlijk helemaal bemoedigd.

Als je zo’n boven-ons-gestelde zich ziet uitsloven om kwinkslagen te maken met de homoseksuele medemens alsof ie Sinterklaas was, denk je even: Er is dus tóch leven voor de dood, want de darmtoerist heeft inderdaad recht op eenzelfde behandeling, bejegening, net wat u zegt...

’t Is alleen dat je voelt: ook als reetkever had ik mij te midden van dit gehos melaats van eenzaamheid gevoeld, buitengesloten, lichte blosjes van schaamte over de opwinding die mijn broeders en zusters van de verkeerde kant op straat uitventen.

Doe maar gewoon, dan doe je al gek genoeg; zijn potten meer waard dan heterogleufjes omdat ze uit hun zelfgeschapen getto treden? En, *by the way*, is er één jongen die niet aan de Olympische Spelen mee mag doen omdat ie homo is? In China misschien.

Nee, 't is goed dat chocoladeridders niet meer achter tralies worden gezet, 't is gerechtigheid dat geen pot meer op de brandstapel belandt. En gezien de oceaan van tranen die wij onder genegenheid verstaan, kan ik alleen maar grijnzen; welkom in de club, jongelui!

Ik zou me getroost willen voelen als ik zovele duizenden stampend het wonder van de Liefde zie onderstrepen... maar word juist besprongen door twijfel. Ik leef in een zelfverkozen universum van kilte en mag dus niet jaloers zijn als ik anderen hun illusies intact zie houden. Maar ik geloof hen niet, en dat is mijn vorm van onverdraagzaamheid. Ik kan 't me niet voorstellen. Ik weiger te begrijpen waarom een mens als homo minder geneigd zou zijn tot alle kwaad, hartstochtelijker, minder jaloers, meer verdrukt... Waarom paraderen als het loutere feit dat je bestaat - net als bij elke willekeurige hetero - al zorgelijk genoeg is?

Men dient 's morgens wakker te worden, zijn eigen adem te ruiken en walgend de ogen te sluiten. Ik leef, dus ik moet dood. Als er een God is - wat betwijfeld mag worden -, hoop ik dat Hij veel goeds voorheeft met onze broeders en zusters van de verkante keer. Te vrezen valt dat de Gay Games van '98 bedoeld waren als Sodom en Gomorra, maar uitpakten als Staphorst. Er is niets meer aan te doen.

De arrogantste ezel van de klas

Als ooit een minister politieke verantwoording had moeten nemen voor het mislukken van een fotorolletje, dan was 't Joris Goedbloed, gediplomeerd ridder van de droevige figuur die nog steeds als kamerlid zijn gelijk mag halen. Zou de Nederlandse volksvertegenwoordiging zichzelf serieus nemen?

't Lijkt er niet op.

Het gedonder rond Srebrenica toont eens temeer waarin een klein land klein kan zijn. Maar deze constatering voldoet niet waar 't betreft de hardnekkigheid waarmee onze voormalige minister van Defensie zijn en daarmee ons falen blijft ontkennen. Omdat er altijd ambitieuze kamerleden zijn die staan te trappelen om Nederlandse troepen in te zetten voor de Vrede - waar ook op de planeet - geloof ik dat er een afspraak moet worden gemaakt. Wie wordt ingezet loopt het risico met instemming van het parlement te sneuvelen. In het algemeen staan politici niet te dansen van vreugde als er manschappen in een lijkzak terugkeren naar het goede vaderland. Aan ons kiezers de eer om te controleren wie met zijn grote waffel de consequentie neemt van troepen lenen aan de VN.

Net als bij de zaak-Lancee is 't een mooi gezicht de verantwoordelijke autoriteiten over elkaar heen te zien buitelen van onschuld. Voorop gaat de halvegare Couzy, generaal in ruste, die het hele debâcle in voormalig Joegoslavië probeert voor te stellen als een bedrijfsongeval. Niets is minder waar! Wie zijn troepen verbiedt terug te schieten sanctioneert iedere vorm van rampspoed, inclusief het executeren van duizenden moslims onder de ogen van 'onze jongens'.

Het misselijkmakende van dit alles is niet dat onze Dutchbatters faalden op een manier die ook in het buitenland nog lang tot voorbeeld zal strekken, het weerzinwekkende zit 'm in de politici die volhouden dat onze inzet in dat struikroversland hun stem waard was. Voorhoeve meent dat zijn bedoelingen eervol waren, terwijl ie nu toegeeft van het begin af aan het hopeloze van de Nederlandse interventie te hebben ingezien. Zulks is woordbreuk aan het parlement, dat overigens evenzeer boter op het hoofd heeft. Ik vraag me af of Voorhoeve niet rood van schaamte wordt als ie in de spiegel kijkt. Bolkestein probeert zijn zwakke ex-minister de hand boven het hoofd te houden door in het openbaar te verklaren dat Voorhoeve geen blaam treft 'want de hele operatie viel uiteindelijk onder verantwoording van de VN'.

Dat mag formeel juist zijn, ik heb Bolk nooit horen beweren dat Voorhoeve vanwege diezelfde VN geen consequenties hoeft te dragen uit wat volgde. Voorhoeve is schuldiger dan de veel gesmade Karremans die in zijn onschuld champagne hief met Mladic.

Voorhoeve belichaamt ons morele failliet. Juist daarom valt te hopen dat het kamerlidmaatschap hem uiteindelijk ontnomen zal worden. Hij verdient 't om met het pek en veren van onze hoon overladen voortijdig gepensioneerd te worden.

Zelfs in België weten ze beter met zulk een boven-ons-gestelde om te gaan. Zolang Voorhoeve ongestraft de Kamer in mag, zeggen we tegen de wereld: 'Spijtig van de lijken, Voorhoeve stoomt voorwaarts de volgend crisis tegemoet.'

Soms schaam je je Nederlander te zijn.

PS. 't Schijnt dat Guus Vleugel is overleden. Ik dacht dat Guusje al jaren dood was. 't Is zielig dat een jarenzestigcoryfee de laatste twee decennia van zijn leventje met steeds mindere schrijfsels aan de weg moest timmeren. Vleugel is het levende bewijs dat men als dovend talent niet tijdig genoeg afscheid kan nemen. Hij deed er een kwart eeuw te lang over; Heintje Davids werd om minder uitgelachen.

Censuur

’t Gekke is, Voorhoeve is met geen tien Srebrenica’s weg te krijgen, maar CNN’s verdwijning van de Amsterdamse kabel was in een handomdraai geregeld. De voorzitter van de Amsterdamse PvdA-fractie achtte CNN’s aanwezigheid ‘niet strikt noodzakelijk’. Mooi gezegd, voorzitter. De PvdA weet natuurlijk ook wel dat wij in een ‘informatietijdperk’ leven, maar juist dat maakt de CNN-kijker in haar ogen verdacht. Je kan toch ook gewoon naar het *Journaal* kijken? Het *Journaal* zit tegenwoordig immers vol grapjes en versprekinkjes van de Presentator en wordt geleid door een populistische tuinkabouter die voorheen triomfen vierde bij Radio Rijnmond!

Op het moment dat CNN meldde dat Afghanistan en Soedan onder Amerikaans vuur lagen, kwam het *Journaal* met vereniging Ons Eigen Huis en meester Kalff van de ABN Amro, die glunderend tweeëneenhalf miljard winst presenteerde. Nieuws is een kwestie van journalistiek instinct.

De PvdA wil dat CNN verdwijnt omdat die partij nu eenmaal een diep wantrouwen koestert jegens ‘de intellectuelen’ en al jaren tracht het Nederlandse onderwijs definitief af te schaffen; daarom zit Karin Adelmund nu op Onderwijs. De VVD wil dat CNN verdwijnt omdat Frankie de Grave dus niet alleen het GVB met geflatteerde begrotingen in het verderf heeft gestort, maar ook voor zevenhonderd miljoen onze informatievoorziening verkwanselt aan het pooierachtige A 2000. ’t Schijnt dat liberalen tijdens Thorbecke soms tegen censuur en beknotting waren, maar dat is lang geleden. De Grave weet hoe de markt werkt en liet ten tijde van de deal in de krant weten: ‘Als commerciële stations niet hun bijdrage aan A 2000 willen betalen, is dat hun probleem. Zo missen ze tientallen miljoenen aan reclame-inkomsten.’

Zou CNN ook ‘tientallen miljoenen’ aan reclame missen nu het weg is uit Amsterdam? Ik ben natuurlijk geen apostel van de vrije markt, zoals Frank, maar ik geloof er niks van.

A 2000 probeert mij nu te paaien met de BBC World-Service, maar daar trap ik niet in, want CNN is altijd eerder met het nieuws.

Bovendien wil ik Wolf Blitzer zien over het zaad van de president en Larry King met de publieke opinie horen meewaaien en - denkend aan het loenzen van Bobby Batista - nog altijd een brok in de keel voelen, en me *update* weten onder leiding van Bernie Shaw en Lou Dobbs, die ernstige, vertrouwenwekkende mannen.

Daarbij geldt wat mij betreft ook de volgende, principiëler overweging: ik ben 't zat dat anderen voor mij uitmaken waarnaar ik kijken mag. Als ik CNN wil zien, kijk ik CNN, ongeacht wat een mevrouw van de Amsterdamse programmaraad met dertien onderkinnen en een wrat van tussen de benen op haar voorhoofd daarvan vindt; dezelfde mevrouw die meent dat ik niet naar Discovery, MTV, Eurosport of stierenvechten mag kijken.

Dat Amsterdam als enige hoofdstad in Europa CNN niet meer kan ontvangen, is eens temeer het bewijs dat je maar beter in Staphorst kunt wonen, waar het Snelste Nieuws nog wel doorkomt. Je zou denken dat de doortastende politici die Amsterdam besturen van schaamte hun mandaat teruggeven, maar niets van dat al. 't Schijnt dat in december CNN al terug is, als 't aan de Amsterdamse raad ligt. Regeren is nu eenmaal vooruitzien.

Tot zolang breekt er geen oorlog uit en zwijgt het Congres over Ken Starr, aldus de deskundigen van de raad. Nu ja, wij zijn door gekken omringd en dat zullen we weten. Vanaf morgen staat er op mijn dak een schotel die zich niets aantrekt van A 2000 of de Programmaraad en die de hele wereld ongestoord van de satelliet plukt.

Bewoners aller Amsterdamse buurten, verenigt u.

Lijken in de kast

Bolkestein vraagt zich af waarom wie koos voor de NSB die vergissing z'n leven lang nagedragen krijgt terwijl de gestaalde kaders van de CPN en haar vijfde colonne van progressieve intellectuelen ongemoeid worden gelaten. 't Is mooi dat iemand die vraag hardop stelt en het antwoord laat zich raden: de Goelagarchipel reikte nooit tot Vlieland, de Duitse bezetting wél. De CPN tooide zich terecht met de stralenkrans van Goed Geweest tijdens 1940-1945 en hoewel de partij vervolgens dertig jaar lang de zijde van apparatsjiks en stalinistische onderdrukking koos zijn er toch altijd hele contingenten vrienden van de mensheid die willen horen bij het naoorlogse verzet. De behoefte aan de goeie kant te staan is onuitroeibaar en geeft juist de onnozelsten gevoel van eigenwaarde.

Als 't geen schande is CPN'er te zijn geweest, geldt dat ook voor voormalige NSB'ers zou je zeggen. Ik ben van 1957 en matig me liever helemaal geen Oordeel aan over wie 'fout' was en wie niet, want wie durft vanuit zijn luie stoel voor zichzelf in te staan als 't er echt op aan zou komen?

Ik vind wel dat iedere 'lastige' vraag gesteld mag worden. Zoals: werd het IKV ten tijde van de grote vredesdemonstraties mede bestuurd door een mol van de KGB? Zoals: werd het Stop de Kruisraketten-comité gefinancierd door de DDR? Zoals: waarom zou je nu lacherig doen over Ien van den Heuvel - voormalig PvdA-voorzitter die halverwege de jaren zeventig na een bezoek aan Oost-Berlijn de '*historische noodzaak*' van de Berlijnse Muur verdedigde - als haar halve partij er net zo over dacht? Zoals: waarin verschillen de honderdduizenden struisvogels die tijdens de jaren tachtig voor eenzijdige ontwapening demonstreerden, en daarmee de Sovjet-Unie in de kaart speelden, eigenlijk van de halvegaren die veertig jaar eerder die andere vijandige natie steunden? Zoals: wanneer je als CPN'er een geloofsartikel als 'de dictatuur van het proletariaat' aanvaardde, waarin onderscheidde je je dan nog wezenlijk van nazi's die 'het eigen volk van vreemde smetten vrij' propageerden? Zoals: of je nu CPN'er of PvdA-gelovige was, hoe kon 't dat je je ogen sloot voor de concentratiekampen onder Brezjnev? Zoals: hoe kan 't dat Joris Ivens die de meest weerzinwekkende propagandafilms maakte voor Stalin én Mao een koninklijke onderscheiding kreeg en als held werd toegejuicht door Koningin & Vaderland?

Die lijst met 'lastige' vragen kan naar believen met nog enige tientallen worden uitgebreid en te vrezen valt dat de stilte die volgen zal, oorverdovend klinkt. 't Zijn vragen die door In-Orde-discipelen als een Gerard Mulder als 'tenenkrommend' worden ervaren, maar die simpelweg de kwestie aan de orde stellen of het overgrote deel van de progressieve gemeente niet verblind is geweest en daarmee Fout sinds de oorlog?

Die vraag stellen is 'm beantwoorden. Ja, peins ik, idealisten van welk slag ook dienen te worden gewantrouwd. Ja, 't is onzin om voormalige NSB'ers wél en voormalige CPN'ers níét met pek en veren te besmeuren. Veroordeel maar liever niemand, haal je schouders op of denk in stilte: *Wel nog steeds een grote muil.* Dat het Nederlandse parlement een Marcus Bakker-zaal in haar gebouw tolereert, pleit niet voor het democratisch besef van onze volksvertegenwoordigers. Maar onze sufkutten en domkopjes in de Tweede Kamer hebben nu eenmaal geen benul.

Als ik Janmaat was, diende ik met een beroep op het geloof mijner vaad'ren het verzoek in een zaal te noemen naar de grote idealist Rost van Tonningen.

Natuurlijk

Bolkestein heeft natuurlijk gelijk inzake die Irakezen, maar híj mag 't niet zeggen en jíj mag 'm geen gelijk geven.

Natuurlijk heeft Peter de Vries geen deal gesloten met Steve Brown om de kijkcijfers van z'n programma te verhogen, maar je hoort dat vermoeden hardop uit te spreken.

't Getuigt natuurlijk van goede smaak om over De Vries te zeggen dat wat zijn programma brengt 'verbijsterend' is. 't Getuigt niet van goede smaak om de presentatoren van het VPRO-mediaprogramma *Het Blauwe Licht* tamelijk dom te vinden om wat ze over De Vries te melden hebben. En 't zou natuurlijk wel heel verkeerd vallen *Het Blauwe Licht* een van de onnozelste programma's van dit moment te noemen.

't Is verbijsterend dat politie en justitie zeggen 'verbijsterd' te zijn over het gemak waarmee twee psychopaten uit de Mesdagkliniek ontsnapten, want Nederlandse TBS-klinieken zijn juist gebouwd en worden beheerd om kindermoordenaars een faire kans te geven te ontsnappen. Dit in het kader van de humane behandeling waarop iedere levenslang gestrafte natuurlijk recht heeft.

Straffen zijn in Nederland zo laag dat 't een wonder is. De kloof tussen wat de elite van kamerleden, rechters en andere hotemetoten die de wetten maken een rechtvaardige straf vindt tegenover het diepgewortelde gevoel van onveiligheid dat leeft bij de vertrapte burger die dagelijks het slachtoffer is van humanistische terreur, wordt met de dag groter.

Nergens wordt het respect dat een rechtsstaat van z'n gemiddelde onderdaan nodig heeft om te kunnen functioneren zo efficiënt ondergraven als in Nederland. Maar wie als In Orde door het leven wil, dient zulke overwegingen natuurlijk niet in het openbaar te uiten en desgevraagd te verklaren dat *De Telegraaf* 'een bedenkelijke hetze' voert als de krant ijvert voor zwaardere straffen.

't Is natuurlijk vervelend voor de weduwe Hartman dat

haar man neergeschoten werd door een moordenaar die pas twee jaar zat voor het vorige akkefietje en nu zijn kans schoon zag tijdens een proefverlof. Maar mevrouw moet niet zeuren en al helemaal niet omdat 't een Marokkaan met aanpassingsproblemen betreft. Natuurlijk.

Niet zeuren geldt ook voor de critici van Patrick Kluivert. Je zou de gevierde spits na alles wat er gebeurd is 'minder handig' kunnen noemen, maar 't gaat natuurlijk te ver om - zoals in het Amsterdamse studentenblad *Propria Cures* - het gezicht van Patje te tonen met de mededeling dat deze meneer 51% van z'n vrije tijd besteedt aan verkrachting en 49% aan het onder invloed doodrijden van medeburgers. Schandelijk schandelijk nietwaar, ook al omdat 't om een parodie gaat op een poster van de firma Adidas die de keeper van Turkije voorspelde in welke hoek onze zwarte parel pleegt te schieten.

Konden wij niet afgelopen zaterdag nog in *de Volkskrant* lezen, opgetekend uit het mondje van de charmante schrijfster Astrid Roemer: 'Elke oogopslag, elke klankkleur, elke beweging kan kwetsend zijn. Ik vermoed dat dat komt doordat wij de Hollanders door en door kennen.'

En inderdaad, wéér hoor ik de spanen van de galeien plonzen. En het gekreun der geketenden schreit ten hemel. En de zwepen knallen hun duister lied van racisme en onderdrukking. En 't liefst voelde ik me natuurlijk schuldig tot het jaar 3015. Ik hoop dat de redactie van *Propria Cures* geëxecuteerd wordt door het Brunswijk-commando. Natuurlijk.

Ontspanning

Als kind van de jaren zeventig - een fijne tijd, met David Bowie en Alice Cooper en geen spoor meer van het idealistische 'De wereld moet beter worden' van daarvoor - heb ik me nooit gerealiseerd hoe spannend de confrontatie tussen Oost en West geweest moet zijn. Met betrekking tot de Koude Oorlog refereert het schoolboek Geschiedenis aan de Cubacrisis van 1962, 'toen de wereldvrede aan een zijden draadje hing'. Bijna niemand noemt 1970-1980 als de jaren dat de westerse democratieën bijna bezweken onder de groeiende macht van de Sovjet-Unie.

Om te jennen en ongelijk te krijgen, heb ik in mijn onschuld altijd geroepen dat Reagan een groot president was die 'voor ons' de Koude Oorlog zou winnen. Te vrezen valt dat ik in die opvatting veel meer gelijk had dan ik toen zelf begreep. Maar in de jaren die aan Reagan voorafgingen, verloor het Westen slag na slag in de oorlog der ideeën aan de onderhandelingstafel en daarbuiten. De Sovjet-Unie bewapende zich in een tempo dat je, achteraf gezien, liever niet in iedere bijzonderheid tot je zou hebben genomen. De meeste 'westerse intellectuelen' zagen geen verschil tussen waarvoor de NAVO stond en waarvoor het Warschaupact, dat wil zeggen, ze weigerden zich te verdiepen in de vraag of vrijheid van meningsuiting en vrijheid van economisch handelen de moeite waard zijn om voor te vechten. Ze heetten Karel Roskam en hielden zich liever bezig met het bewenen van Allende - een Chileense president die het papier van de oppositionele pers zo rantsoeneerde dat kranten met een hem onwelgevallige mening niet meer gedrukt konden worden - of met 'de bevrijdingslegers van Pol Pot' (dezelfde VARA-commentator op de dag dat de Rode Khmer Cambodja overnam) en klaagden over 'onze koloniale schuld' aan de Apartheid in Zuid-Afrika. Commentator H.J.A. Hofland - een aardige man die geen vlieg kwaad doet

- beweerde in *NRC Handelsblad* dat Russische dissidenten betaald werden door de CIA. In iedere onder westerse studenten gemeten peiling kwam de NAVO naar voren als de grote agressor. 't Was, kortom, deftiger in de hand te bijten die jou voedde, dan in de hand die jou wilde slaan.

Het meest beschamende van die tijd was het gesjoemel met mensenrechten. Bij de onderhandelingen tussen Oost en West in Helsinki was een ronkende paragraaf over vrijheid van informatie overeengekomen die door Brezjnev en de zijnen zonder enig voorbehoud werd ondertekend; er bestond immers ook informatie in de Sovjet-Unie? Zo ook wat betreft de zogenoemde 'rechten van de mens'.

Het Westen jeremieerde aan tafel wat en keek vervolgens jaren de andere kant op als joden de Sovjet-Unie wilden verlaten, zoals het ook oorverdovend zweeg toen types die de moed hadden een andere mening te verkondigen dan de Sovjets welgevallig was, in werkkampen verdwenen.

'CIA-agenten', nietwaar?

Als ik zeg 'het Westen' bedoel ik natuurlijk vooral West-Europa. Dankzij de veel gesmade Verenigde Staten kwam er uiteindelijk een gestage stroom van joodse emigranten die de Sovjet-Unie mocht verlaten. Het Amerikaanse Congres bleek uiteindelijk machtiger dan de publieke opinie in het onverschillige West-Europa. En uiteindelijk kwam Reagan, zag en overwon.

Hoe simpel samengevat ook, ik denk dat 't zo gegaan is. Dit brengt mij bij de vraag; leert de geschiedenis ons iets? Ik denk van niet. Het grote wonder van de jaren zeventig - de onverschilligheid voor een totalitair machtsblok dat onze vrijheden wezenlijk bedreigde, net zoals Hitler dat deed veertig jaar daarvoor - blijft knagen.

Het solide geweten van Maarten Peeters

Waartoe 'het actualiseren' van de dodenherdenking en bevrijdingsdag al niet leiden kan, toonde het NOS-*journaal* van 4 mei toen het ons rechtstreeks verbond met Westerbork, waar een zanger zich op een podium had opgesteld naast de doodlopende, ten hemel krullende spoorrails die in dat voormalige concentratiekamp de moord op miljoenen symboliseert. Een zekere Maarten Peeters keek huilerig in de camera. Achter hem stond een vleugel, waarachter een in al even stemmig zwart geklede begeleider. Het intro klonk in mineur en Maarten begon: 'De treinen reden weer...'

Dat 't geen commercial betrof voor de verzelfstandigde Nederlandse Spoorwegen met hun stipte dienstregeling, bleek toen het woord Kosovo viel. 'De wagons hebben kleur,' zong Maarten, en of we dan toch niks geleerd hebben van vroeger?

In mijn onschuld dacht ik: Gut, er is toch wel verschil tussen een wagon die richting Sobibor tuft of een trein die een Kosovaar naar de vrijheid van Albanië rijdt?

Ik had 't verkeerd gezien. Volgens Maarten is er geen verschil. Hij is daarin niet de enige; de massahysterie waartoe 'het actualiseren' leidt, zorgt ervoor dat de holocaust en de Tweede Wereldoorlog bij de gekste gelegenheden als vrome lijkendans opduiken. In *NRC Handelsblad* vroeg iemand die de film van *Het meisje met het rode haar* besprak, zich af waarom we niet genoeg hebben aan het verdriet om onze eigen dierbaren, één keer per jaar, zodat we de overige 364 dagen solidair kunnen zijn met de slachtoffers van nu.

Ik kon haar goed begrijpen.

Maar ze vloekte in de kerk.

Wat het optreden van de onbaatzuchtige protestzanger in Westerbork des te gênanter maakte, was de wetenschap - bij niet iedereen bekend - dat de Kosovaren in 1940-1945 als trouwste bondgenoten van de collaborerende Kroaten door de SS tot de orde moesten worden geroepen wegens hun 'onfatsoenlijke' optreden tijdens moordpartijen op joden. Ik weet best dat je meer dan vijftig jaar later niet de erfzonde kunt afroepen over een nieuwe generatie, maar om uitgerekend in een voormalig concentratiekamp te komen kwelen over het lot van verdrevenen van nu wier voorouders het bloed van de mensenjacht aan hun handen hebben kleven en die een onzekere, maar niet per definitie hopeloze toekomst tegemoet gaan...? Ik durf 't bijna niet te zeggen, maar 't heeft iets van Slechte Smaak. De grootste blunder uit het bestaan van de NAVO zijn de bombardementen op Servië, omdat Milosevic zich geen betere bondgenoot kon wensen, omdat stalinisten en fascisten in Rusland er nog meer de wind door in de zeilen hebben gekregen en omdat er bij benadering geen plaats is voor nog eens zeshonderdduizend gevluchte Kosovaren in West-Europa.

Het enige voordeel van het NAVO-misverstand is dat allerhande artiesten hun naar succes dorstende ego kunnen laven aan de afschuw die oorlog nu eenmaal bij ieder redelijk mens opwekt. Freek de Jonge of Herman van Veen, Maarten Peeters, Borsato, Hazes, ze hebben allemaal gemeen dat ze menen op dit moment 'niet te kunnen zwijgen'.

Dit tot verdriet van mijn oren.

Waar blijft de jonge protestzanger die verdedigt dat wij hier in het Westen ons nooit moeten bemoeien met de stammenstrijd van struikrovers? En dat heel veel Kosovaren beter af waren geweest als de NAVO zich beperkt had tot het plengen van een krokodillentraan, en toezien hoe de dames en heren elkaar afmaken? Er ligt een Derde Wereldoorlog op de loer, en dat mede vanwege het geloei van de Maarten Peeters-en. Laat ons een kaarsje ontsteken en bidden om licht in zijn duisternis.

Staakt het vuren?

Op televisie verdedigde Frits Barend de grote denker Freek de Jonge met een betoog dat erop neerkwam dat wij hem niet zo lastig moeten vallen met dat slippertje in Carré. Ik keek met stijgende verbazing. Onze zelfbenoemde moraaltheologen staan voortdurend klaar om wie het bombarderen van Servië verdedigt met pek en veren te overladen, en nu wordt de sceptici aangezegd: 'Staakt het vuren op Freek de Jonge.'

Waarom eigenlijk?

Persoonlijk ben ik geen voorstander van het NAVO-ingrijpen omdat 't van Milosevic een held maakt. Ik denk dat wie inderdaad effectief had willen optreden een invasie had moeten voorbereiden. En dat wat er nu gebeurt de opmaat is voor een Derde Wereldoorlog.

Hopelijk heb ik ongelijk.

Maar dat er iets pervers, iets buitengemeen weerzinwekkends zit in al dat 'Oorlog lost niks op', staat voor mij buiten kijf. Wie begrijpen wil waarom er voor en tijdens de oorlog zo weinig gebeurde om joden te beschermen, moet nog eens goed luisteren naar De Jonges kromme redenering. 'Staakt het vuren' uit zijn mond stelt Milosevic en de NAVO op hetzelfde voetstuk van agressor. Volgens mij is er in dit geval maar één aanstichter van geweld: Servië. 't Is te makkelijk om met een klemmend beroep op ons geweten lood om oud ijzer te verkopen. Nu ja, als je 't mij vraagt was er aanvankelijk geen westers veiligheidsbelang met Kosovo gemoeid, en is 't zorgelijk dat de NAVO alleen maar kan verliezen. Maar dat is de cynische, zo u wilt 'realistische', van verheven getetter ontdane redenering. Net hoorde ik dat er tot op vandaag vijfendertighonderd Kosovaren zijn vermoord. En de twijfel bekruipt me weer. Gelooft u dat de Kosovaren toen ze de kans kregen geen Serviërs vermoordden? Met andere woorden: wie verdedigen we eigenlijk?

Zijn vijfendertighonderd Kosovaren een Derde Wereldoorlog waard? Waarom voeren we geen oorlog voor de Koerden in NAVO-bondgenoot Turkije?

Is het woord 'genocide' niet pas van toepassing als er een miljoen mensen over de kling gaat, zoals in Rwanda?

De Jonge was gevraagd om in *Het Laatste Oor* zich te komen verdedigen tegen mijn knipoog naar acties als de zijne, maar liet weten vanuit Hotel de l'Europe (waar het geweten van de natie verbleef om bij te komen van de vermoeienissen en vanwege de schilders thuis): 'Driewerf Neen!' Zijn goed recht, maar waarom eigenlijk zou ík dan mijn mondje moeten houden, overste Barend?

Frits Barend zat destijds met de riooljodelaar van Charleroi op schoot en liet die meneer - 'mijn beste vriend' - vallen als een baksteen toen bekend werd wie anoniem de kinderen van De Jonge, Heertje en anderen had bedreigd. Je zou kunnen zeggen dat wie zich in zo'n zaak zo jammerlijk vergist heeft, in het vervolg misschien iets minder hoog van de toren moet blazen als 't gaat om Goed en Kwaad.

Een kwestie van bescheidenheid en erkenning van gemaakte vergissingen.

Je zou ook kunnen zeggen dat 't nogal pijnlijk was om De Jonge op sleeptouw te zien bij Herman van Veen, en dat alles als bedoelde klap in ons gezicht met een bespottelijk lied dat het slechtste uit de jaren zestig bovenbracht. In wezen was de actie van De Jonge een trap na naar alle slachtoffers, die niet op deze wereld zijn gezet om miljonairs uit Muiderberg een bevredigd geweten te bezorgen. En alle vergelijkingen met de holocaust die Freek hanteerde om zijn gelijk te bevestigen, vond ik al net zo stuitend. Er zit iets mis in het door jezelf zo vaak aangeprezen Geweten als je niet begrijpt dat 't nogal smakeloos is om op de voorkant van *Het Parool* een stukje te schrijven waarin je jezelf opvoert als iemand die in een veewagon op weg gaat naar een vernietigingskamp. Frits Barend is domkop genoeg om zulks niet te zien. Van Freek verwachtte ik iets meer - nu ja kiesheid.

’t Meest zorgelijk nog vind ik die vanzelfsprekende arrogantie: Ik sta aan de goeie kant, dus mag me alles permitteren. Te vrezen valt dat De Jonge zijn handen in onschuld wast. Maar voor mij is de grootste verliezer ‘aan het binnenlandse front’ - om in zijn terminologie te blijven - de Komiek.

Mijn helden, ze zijn niet meer.

Oorlog?

Wie - zoals ik - stakkerig wijs is geworden over de perversie van idealisten als Mient Jan Faber, rest weinig meer dan de constatering van het eigen gelijk en het onvermogen om zelf met een betere oplossing aan te komen: 'Laat ze elkaar maar afmaken, dan doen ze al eeuwen en geen haan die er naar kraait.'

Vermoedelijk is Rob Scholte opgeblazen door de Joegoslavische maffia en vermoedelijk zal de NAVO datzelfde lot ondergaan. Gisteravond zag ik onze minister van Defensie die moest toegeven dat Milosevic telkens onverwachte dingen doet en dat hij, Frank de Grave, zich toch wel 'behoorlijk kwaad' maakte. En terwijl de Kosovaren met duizenden meer over de kling worden gejaagd dan voordat de NAVO hun ongevraagd de bescherming van haar bombardementen bood - en je moet toegeven dat diezelfde NAVO ongewild de beste bondgenoot is geworden die Milosevic zich dromen kon -, krijgt het moeras waarin het Vrije Westen zich uit verkeerd begrepen eigendunk heeft gestort, de aanblik van drijfzand. Zolang 'we' niet bereid zijn atoomwapens te gebruiken of Joegoslavië te bezetten, ligt de Derde Wereldoorlog op de loer. De lont van de Balkan smeult of, beter gezegd, is ontstoken door 'onze' onbezonnen actie. En wie zich dan ook nog bedenkt dat de helft van het Kosovaarse bevrijdingsleger bestaat uit onafhankelijk opererende kleine zelfstandigen die er vooral op uit zijn hun heroïnelijnen te beschermen, vraagt zich in gemoede af: Hoe konden we zó stom zijn...

Als NAVO-partner Turkije duizenden Koerden afmaakt, hoor je niemand trouwens. 't Spijtige is natuurlijk dat mijn argumenten deugen, maar dat ze voor hetzelfde geld bruikbaar zouden zijn geweest om - ik noem maar wat - de Amerikanen ervan te overtuigen toch vooral niet mee te doen tijdens de Tweede Wereldoorlog. Zonder Amerika had

Hitler gewonnen en was er vermoedelijk nu geen Milosevic geweest, vereend voorwaarts in Europa onder bevel van het Duizendjarige Rijk. Ik bedoel maar, mijn cynisme is geen pluim op m'n hoed.

Eigenlijk is er nog maar één oplossing: Milosevic te laten ontvoeren en daarna al dan niet te vermoorden. Gebruikelijk is dat niet tussen zich 'beschaafd' noemende partijen. Maar met de constatering dat de president van Joegoslavië een betere schaker is dan zijn tegenspelers en dat ie stelselmatig onderschat wordt, komt misschien eindelijk het besef dat hoe eerder het Westen zich weet terug te trekken - met een hoop gezichtsverlies op de koop toe - hoe veiliger wij ons mogen voelen. Rusland heeft nog steeds kernwapens, een oorlog tussen Turkije en Griekenland is niet in het belang van de NAVO, gaan we ook ten strijde vanwege Macedonië? En wat zegt ons nobele geweten als er vrijwilligers uit Iran aankomen om de moslimbroeders en -zusters tegen Milosevic te beschermen?

't Beste zou zijn als de NAVO de hele wereld bezette en er nergens meer onrecht was en geen burgeroorlog nog uitbrak. Toen de Muur viel, had het Vrije Westen zijn historische gelijk gehaald; dat hebben we in tien jaar verspeeld. Hoe kan 't dat Milosevic ons zo eenvoudig in de luren legt?

Dat komt omdat mijn gelijk niet in de mode is. Dat komt omdat onze volksvertegenwoordiging niets geleerd heeft van het debâcle Srebrenica. Dat komt omdat de NAVO zich door prestigeoverwegingen heeft laten leiden die een eenvoudige calculatie van mogelijke valstrikken belette. Dat komt omdat de Verenigde Staten een vleugellamme president hebben. Dat komt omdat het Vrije Westen uit de aard van de oorlog der ideeën die een beschaafde democratie overigens siert, altijd verdeeld zal zijn, te laat en te weinig voorbereid. Idealisten als Mient Jan Faber leiden ons in verzoeking, de verzoeking van de rechtvaardige vrede. In het lijkenhuis gonzen de vliegen.

Waarom wij superieur zijn als hunnie vrij aan het woord mogen komen

In *NRC Handelsblad* lees ik dat meneer A. Bakker, fractievoorzitter van GroenLinks in de raad van Etten-Leur, vindt dat de Servische zender Radio TV Belgrado van de plaatselijke kabel moet worden gehaald.

Bakker: 'Op de zender zijn bijvoorbeeld beelden te zien van vluchtelingen in Kosovo. In het commentaar wordt gemeld dat het Joegoslavische leger deze mensen wil beschermen, maar dat ze gebombardeerd worden door de NAVO.'

Ik besef dat 't vast niet meevalt om als woordvoerder van een partij die jarenlang bezweken is voor totalitaire verleiding, de spelregels van het beschaafde Westen onder de knie te krijgen. Maar juist in dit geval heeft Radio TV Belgrado volgens mij alle recht om z'n propaganda aan het volk voor te leggen. Want anders dan in het land van Milosevic is de oppositie bij ons vrij en gerechtigd welke leugen ook te vermenigvuldigen. Juist daarin onderscheidt het Vrije Westen zich van de barbaren om zich heen, met hun mensenjacht en stuitende aanspraken.

Tot zover mijn principiële overweging.

Er zijn ook praktische bezwaren. Wie een mening, hoe abject ook, aan banden probeert te leggen, schept een precedent; als de Servische propaganda weg moet, waarom dan niet ook de imam die zijn gelovigen op het plaatselijke minderhedenkanaal van Amsterdam uitlegt dat Amsterdam 'uitsluitend joodse burgemeesters' telt en dat de ware moslim zich omgeven weet door 'ongelovige honden'? In een vrije samenleving bejubelt men de domheid van zijn tegenstanders, een verbod zou een teken van zwakte zijn. Of zou meneer Bakker 's nachts in zijn bedje liggen woelen en aan twijfel ten prooi zijn nu hij de argumenten van Belgrado gehoord heeft?

Laatst zag ik bij *Nova* een Servische mevrouw die zich had uitgedost met een gele ster waarop stond gestikt: 'Serb'. Naar haar zeggen had het Servische volk 't 'nog tien keer zo erg als de joden tijdens de holocaust' - of woorden van soortgelijke strekking - en ze keek daar erg fanatiek bij. Er kunnen niet genoeg van dat soort vertoningen gezien worden, want als je wil begrijpen hoe 't mogelijk is dat mensen die te gast zijn in een vrij land als het onze juist iemand als Milosevic steunen, leren uitwassen ons 't meest.

Tijdens de Tweede Wereldoorlog deed de Britse regering geen serieuze moeite de propaganda van Goebbels - die via de radio te hoop liep tegen het perfide Albion en figuren als Lord How How aan het woord liet om de geesten van de Engelsen te verduisteren - te storen of te verbieden. Propagandablaadjes van de nazi's mochten vrijelijk verspreid worden. De Britse regering ging er terecht van uit dat haar vrije burgers oud en wijs genoeg waren om, ook te midden van rokende puinhopen, niet bevattelijk te blijken voor het nazigif. In het Derde Rijk was zulk beschaafd schouderophalen niet toegestaan, uiteraard. 't Was aardig geweest als de Amerikanen met hun technologische voorsprong in staat zouden zijn via een satelliet in te breken op het scherm van de Servische staatszender en domweg beelden van vluchtende Kosovaren te tonen. Maar ik denk dat de Serven zich liever laten ophitsen door de moordenaars die ze als hun leiders toejuichen. Hoe onverstandig de NAVO ook geweest is met het beginnen van deze bombardementen, de ware schuldigen zitten in Belgrado. 't Is leerzaam te zien hoe perfide de goedgelovigheid is van hun navolgers.

't Ware te wensen dat we zo verstandig zouden zijn geweest om onder het genot van een enkele krokodillentraan die struikrovers op de Balkan elkaar te laten afmaken en met onze armen over elkaar toe te zien. Dat het Kosovaarse bevrijdingsleger volgens CNN ook nog voor de helft bestaat uit heroïnehandelaren die vooral in de weer zijn hun smokkellijnen veilig te stellen, sterkt mij eens temeer in die overtuiging. Maar het Westen heeft geluisterd naar de Stem van zijn Geweten. Nog jaren zullen we met die vergissing moeten leven.

Demagogie

’t Is met moordenaars van kinderen al net zo gesteld als met voorstanders van de doodstraf: je hoort ze begripvol te verachten. Het meisje Naomi werd vermoord door een verkrachter die onlangs drie van zijn vier jaar straf had uitgezeten en vervolgens de straat op mocht omdat het Pieter Baan-centrum meneer ongeschikt achtte voor TBS.

Politici, rechtsgeleerden en andere boven-ons-gestelden haasten zich nu om te verklaren dat maatregelen zoals die in de Verenigde Staten tegen pedofiele misdadigers genomen worden - hun identiteit bekend maken, gedwongen castratie - hier ‘ongewenst’ zouden zijn. ‘Die kant moet het hier niet op,’ citeert *NRC Handelsblad* een van die zogeheten deskundigen.

’t Gekke is, ik vind dat wie kleine kinderen verkracht en vermoordt best gecastreerd mag worden, juist in Nederland, waar de straffen lachwekkend laag zijn en de moordenaar van een kind doorgaans na een paar jaar weer vrij rondloopt. En hoewel ik beducht ben voor eigen rechter spelen van het gepeupel, maakt het angstige vermoeden zich van mij meester dat Naomi nog geleefd zou hebben als de buurt op de hoogte was geweest van het verleden van buurman Jan S. Omdat de meeste slachtoffers van zedenmisdrijven afkomstig zijn uit de gewelddadiger ‘kansarme’ milieus vermoed ik met m’n vinger in de lucht dat de meeste slachtoffers van pedofilie ook kindertjes zijn uit de meer kansarme gezinnen. Naomi en haar moeder leken me - net als de dader trouwens - typische vertegenwoordigers van het nieuwe lompenproletariaat: debiel gemaakt door het Nederlandse onderwijs, versuft door televisie en agressief door te veel kleurstoffen in het voedsel. In stilte bid ik altijd dat de deskundigen die zo goed weten waarom pedofielen niet gecastreerd mogen worden en niet weggejaagd door de buurt, op een dag thuis mogen komen om het lijk van hun kleine lieveling in ontvangst te nemen. Een schandelijke maar begrijpelijke gedachte.

Vermoedelijk treedt in dat geval zelfs de nuancering der deskundigen minder gediplomeerd op de voorgrond.

Ik weet dat er fouten zijn en worden gemaakt met de doodstraf, ik weet dat er mensen ten onrechte levenslang zitten en ik weet dat Wraak geen serieuze overweging is in een zich noemende rechtsstaat. Ik weet ook dat niemand ooit z'n kind terug heeft gekregen door een moordenaar om zeep te helpen.

En tegelijk probeer ik me voor te stellen hoe Naomi's moeder zich nu moet voelen, met het ene oog gericht op de krokodillentranen die de deftig formulerende autoriteiten wijden aan het bedrijfsongeval dat haar dochter trof, met het andere op de zandbak waarin buurman toesloeg. De genade van Amerika is in ieder geval dat kinderverkrachters er niet met vier jaar afkomen. De prijs die betaald wordt voor onze naar verluidt 'humanere' samenleving, met zijn 'tolerantere strafstelsel', is een nodeloos hoger aantal slachtoffers. Er kleeft bloed aan de handen van onze hulpverleners, die wel weten maar niks doen. Er kleeft vooral ook toekomstig bloed aan de handen van onze kamerleden die de privacy van kindermoordenaars belangrijker vinden dan de veiligheid van kleine meisjes als Naomi. Misschien zouden de kleintjes van zulke kamerleden eens ontvoerd moeten worden en dan opgesloten in één kamer met Buurman. De prijs die ook betaald wordt voor ons humane rechtsstelsel, is de toenemende paniek bij ouders en alle anderen die een dierbare te verliezen hebben. De openlijke minachting die de Nederlandse volksvertegenwoordiging aan de dag legt voor de Naomi's van Assen doet die verzwegen collectieve paniek alleen maar toenemen.

De opbeurende conclusie aan het eind van dit stukje moet luiden dat Naomi S. ook in die zin voor niks gestorven is, dat haar dood behalve wat getetter in de media niets zal opleveren om de wereld veiliger te maken voor de slagers van kleintjes. Nederland is door z'n misdadige onverschilligheid een paradijs voor kinderlokkers geworden. Met dank aan de tolerante jaren zestig is dit een felicitatie aan onze bestuurders waard.

De onderbuik

(toespraakje ter ere van D.C. Lama)

Je bent jong en je wil wat.

Ze moesten zo'n kindermoordenaar opknopen aan de hoogste boom.

't Schijnt dat Juliana niet meer buiten mag komen.

Uit de Bell-curve blijkt dat negers lager scoren dan blanken. Maar Chinezen en Koreanen weer hoger dan blanken. 't Is dus onzin om te beweren dat de Bell-curve racistisch onderscheid maakt. Als ze waar blijkt, raakt heel onze politiek-correcte aanname over hoe de mensen zich tot elkaar verhouden in ongerede. Net goed.

De vrouwelijke spiritualiteit is eeuwen onderdrukt.

Vrouwen zijn best wel creatief, hoor.

In het jaar 2050 zijn er nog tweehonderd mannen over die gefokt worden om zich voort te planten via KI. Veertienhonderd zaadlozingen per week leveren gemiddeld vierenvijftig miljard zaadcellen op. Dat is genoeg om drieëneenhalf miljard vrouwen te bevruchten. Alle andere mannen moeten dood, want als vrouwen aan de macht zijn wordt de wereld een stuk veiliger.

De atoombom is de beste garantie voor wereldvrede.

Reagan is de grootste president van de afgelopen eeuw geweest.

Dankzij hem won Amerika voor ons de Koude Oorlog.

In Nederland zijn tijdens de Tweede Wereldoorlog procentueel meer joden weggevoerd dan waar vandaan ook, inclusief Polen. Daarom is de 4 mei-herdenking en het versteende ritueel van de officiële antifascisten in Nederland bespottelijker dan elders.

Bolkestein is de grootste Nederlandse politicus van de afgelopen tien jaar. In de geschiedenisboekjes zal hij Kok verre overschaduwen. Met de komst van Jan Wouters gaat Ajax definitief ten onder, na eerst al gebukt te hebben moeten gaan onder de Arena. De Arena is ontworpen door een aanhanger van Feyenoord.

Vanmorgen zei mijn geliefde: 'Ik wou dat ik met mevrouw Borst getrouwd was, al is 't alleen maar vanwege de naam.' Hierbij glimlachte ze heel gelukkig - of moet ik zeggen 'met een zeker verlangen' - en tot mijn schande dacht ik: Zou ik mogen toekijken als zij Els beft?

Ik kon m'n tong wel afbijten.

Hadden ze Irak maar platgegooid.

Claus is destijds betrapt als pedofiel in een nachtclub en daarom moest ie een half jaar in een Zwitserse inrichting verblijven, zogenaamd wegens 'een depressie'.

Prins Bernhard was vanaf begin jaren dertig lid van de NSDAP, later lid van de bereden SA en heeft de hele oorlog door in contact gestaan met zijn broer, die tweede man was onder Canaris van de *Abwehr*.

Bernhard heeft per ongeluk de landing bij Arnhem aan de Duitse spion King Kong verraden.

Te wensen ware dat de prins wat meer tamme fazanten mocht schieten, zoals zijn bolle kleinzoon Willem-Alexander wilde zwijnen te lijf gaat. 't Houdt de prins jong.

Erger dan die suffe NSB'ers van voor de oorlog waren de hemelbestormers van halverwege de jaren zestig. Zij bezweken voor de totalitaire verleiding op een manier die nog steeds het schaamrood op de kaken brengt. Gek genoeg nooit bij henzelf.

Maxima, Maximum

’t Aardige van het huis van Oranje is het feilloze instinct dat de diverse telgen van de familie tentoonspreiden om ietwat voor joker te staan als ’t gaat om hun partnerkeuze. Als ’t waar is dat de koningin destijds haar veto uitsprak over Emily, dan zal zij zich nu in de dagen dat Maxima victorie kraait nog wel eens achter het koninklijke oor krabben. Maxima lijkt mij een opgewekte snol en dat is een hele aanwinst voor het land. Wie voor de republiek is, verheugt zich in het tandenknarsen der monarchisten, die ook in hun zwartste dromen niet zo’n wufte verschijning naast de troon hadden gezien. En voor het overige mogen wij de kroonprins feliciteren met zijn keuze, die op lange termijn het voortbestaan van de monarchie onzekerder zal maken, en zijn leven minder saai.

Want wat moeten wij brave onderdanen van Oranje met een Argentijnse die vermoedelijk tot voor kort Nederland niet op de kaart kon aanwijzen?

Ach, van de weeromstuit gaat mijn hart uit naar Willem-Alexander, de niet zo snuggere jager op tamme zwijnen en fazanten. Ik zag Maxima op tv uitbundig feestvieren en op gezag van de correspondente van het *NOS-journaal* te Buenos Aires neem ik aan dat haar schoonheid én haar intelligentie bovenaards zijn. Naast het gebruikelijke geklungel van de RVD, namens wie de babbelende gloeilamp Eef Brouwers weer schuttert als vanouds, viel vooral de minister-president op, die in het mediagedruis de jacht ‘op het grote geld’ vermoedde. ’t Is toch altijd weer verrassend dat de communicatie naar de onderdanen zoveel problemen oplevert, zowel voor hielenlikkers van Oranje als voor de meer objectieve buitenstaanders, die maar niet begrijpen waarom de voorlichting over zoiets moois als een verliefdheid dusdanig spastisch is.

Ze leren ’t nooit, dacht ik en realiseerde me dat het vermaan van de minister-president aan de media alle trekjes vertoonde van een betutteling die je sinds de Greet Hofmans-affaire niet meer voor mogelijk hield.

Bernhard was begin ’30 al lid van de NSDAP en Maxima zal gezien het bloed dat aan de handen van haar vader de Videla-aanhanger kleeft, vermoedelijk evenmin een democraat in hart en nieren blijken. Maar ’t is de charme van Oranje; dat de symbolische hoeders van Neerlands vrijheid en onafhankelijkheid zo af en toe bezwijken voor Duitse kleinburgers die niet houden van ‘het gekissebis’ dat een democratie eigen is.

Het land zwelgt in geld, het publiek debat bestaat niet meer, onderwijs is een treurige mislukking gebleken en vadsig leunen de burgers achterover: *Nobody gives a fuck.*

Waarom zijn gelukkige landen toch zo saai?

Maxima komt als geroepen om de verveling te verdrijven en sommigen, zoals ik, vragen zich af of mevrouw voor een sukkeltje als Willem-Alexander inderdaad de poort naar het paradijs is. Mijn slechte inborst geeft me in dat deze nieuwe ster een *gold digger* is, zo een mevrouw die moeders van nature wantrouwen. Met een glimlach realiseer ik me dat Maxima de beste vakvrouw is die het land zich wensen kan.

Actie! Trouwen! Troonsafstand!

Lang leve de Nederlands-Argentijnse vriendschap!

Eindelijk een koningin om wie te lachen valt. En wat zal Maxima’s vader denken van z’n aanstaande schoonzoon?

Een diepe zucht dringt zich op.

De Wet van Ockhuyzen

Joost Zwagerman vraagt zich af of ik schuil in Huize Schizofrenia, want zondagavond *Het Laatste Oor* presenterend en maandagavond *Hoe hoort het eigenlijk?* met Menno Buch. Ik denk dat onze opvattingen over wat aardige tv oplevert van elkaar verschillen. 't Is altijd hetzelfde; de grote denkers uit wat ik gemakshalve dan toch maar even De Grachtengordel noem, hebben in mijn ogen vaak weinig benul van het medium. Als ik bedenk hoe eenstemmig verontwaardigd de reactie was op *De Hunkering* ('armoede-tv', 'kinderachtig', 'smakeloos', 'puberaal'), herken ik de reactie op *Hoe hoort het eigenlijk?* nu. *De Hunkering* is op verzoek onlangs aan de BBC getoond, die meende 'dit gaat voor ons véél te ver', 'maar wat een fantastische televisie!' Tv-recensenten in Nederland zijn gediplomeerde domkoppen als Ronald Ockhuyzen en Ruud Verdonck, ze zijn kleurloos als Comald Maas en bedoelen 't goed, maar kunnen niet schrijven; ze doen of ze Maarten Huygen heten, maar oordelen met de hand van hun echtgenote Beatrijs Ritsema: 'Jij of ik vanavond, liefje?'

Televisie is een van de meer fascinerende verworvenheden van onze tijd, maar wordt door het merendeel van de zich noemende 'intelligentsia' nog altijd met de nek aangekeken. Onbegrijpelijk.

En, 't spijt me voor de dames en heren. *Hoe hoort het eigenlijk?* zal als een van de betere programma's van de jaren negentig de geschiedenis ingaan. Dat mag niet, want mijn persoontje en dan ook nog de verschrikkelijke Buch... En toch, ik ken niet veel Nederlandse programma's die er zo hartstochtelijk uit zien, dat wil zeggen, eruitzien als met plezier gemaakt. Het onderhoud met Emile Ratelband dat beide presentatoren voerden (Ratelband: 'Vrouwen zijn niet gelijkwaardig aan mannen, want ze hebben twintig procent meer vocht in hun hoofd'), was onthutsend en hartverscheurend tegelijk. Zo ook het gesprek met mevrouw Maywood over de liefde voor haar zuster. En ook... ach, laat ik m'n mond maar houden. Sinds mevrouw Barend geen schelp meer in haar oor heeft om de getoeterde vragen van mevrouw Blazer tot zich te nemen, schrijven de kranten dat ze, nóg meer dan vroeger, 'een vakvrouw' is.

Een gansje tot koningin uitgeroepen.

In trek is de desinteresse van Adriaan van Dis, of ondervragers als Wim T. Schippers en Freek de Jonge die zich vanwege hun ego geen werkelijke interesse in de ondervraagde kunnen permitteren, of de als bewondering verpakte onderdanigheid van Hanneke Groenteman. Met interviewen heeft 't weinig van doen, maar iedereen in beeld oogt erg 'integer', en daar schijnt 't om te gaan.

Met tv heeft 't weinig van doen, maar 't is altijd fijn als mensen 't met zichzelf getroffen hebben, en wie ben ik om de zichzelf feliciterende gemeente van *de Volkskrant* lastig te vallen?

Zonder commerciële tv had ik nooit een programma mogen presenteren. Toen ik begon met *Een Prettig Gesprek* zeiden vele deskundigen dat zoiets niet kon, een uur lang gelul, en zie... binnen de kortste keren keek half Amsterdam. Toch was er geen publieke omroep die het programma aandurfde, want de presentator gold als een slecht mens en had bovendien geen idee vooraf van wat ie weten wilde.

Ik werkte ook al niet met een eindredactie. Publieke omroepen hebben liever de sprankelende Karel van de Graaff of Ivo Niehe. Bij Veronica wordt *Het Laatste Oor* om 24 uur 15 uitgezonden omdat het dan niet drukt op het kijkersgemiddelde, want wat na twaalven uitgezonden wordt, telt niet mee. Verleden zondag hadden opeens honderdzestigduizend wakkerblijvers de moeite genomen op mij af te stellen. Dat was nu ook weer niet de bedoeling... Ik heb de kijkers gisteren bestraffend toegesproken: 'Gaat u maar lekker porno kijken, dit is toch veel te moeilijk...'

Dat komt ervan als er types in beeld komen die twee goedlopende zinnen kunnen formuleren. De Wet van

Ockhuyzen luidt: 'Ik ben te dom en te mislukt om zelf wat te kunnen bedenken. Daarom schrijf ik over televisie. Ik verlang maar één ding: dat programma's zo voorspelbaar mogelijk zijn.'

Toch maak ik liever *Hoe hoort het eigenlijk?*

En daarom zal ik nooit mogen werken voor een publieke omroep.

Hoe *Trouw* namens Volk & Vaderland inheemse journalisten verdacht maakt

Het ochtendblad *Trouw* is nog rancuneuzer dan *de Volkskrant* - voorheen gelovig, nietwaar? - en is als spreekbuis van politiek-correct Nederland onontbeerlijk voor wie zich wil amuseren met de dwalingen haars weegs. Er is geen sterveling die nog gelooft dat er zoiets bestaat als 'integratie' en er is al helemaal geen ouder meer te vinden die sadistisch genoeg is om zijn of haar blanke kind als vreemdeling naar een zwarte school te sturen. Toch wordt zulks op de voorpagina van *Trouw* gepropageerd, vermoedelijk door een redacteur uit de provincie in een buurt waar geen kindertjes uit andere culturen hun bijdrage kunnen leveren aan het rijke mozaïek van onze multiculturele samenleving.

Nu ja, hoe fout na de oorlog kun je als krant worden?

't Heeft wel wat.

Ik ben dan ook een trouwe abonnee.

Een van de stenen des aanstoots in *Trouw* is misdaadverslaggever Peter R. de Vries, tegen wie in het blad al weken door allerhande scribenten tekeer wordt gegaan op een manier die een minder welwillende lezer dan ondergetekende als 'hetze' zou omschrijven. De Vries is de gebeten hond omdat ie 't in zijn veelbekeken tv-programma heeft durven opnemen voor de ouders van het vermoorde meisje Vaatstra in Kollum.

Hoe zat 't ook alweer?

O ja, de doortastende ambtenaren van Justitie hadden weken nodig om een asielzoeker tot verdachte te bestempelen, en wel uit angst 'stigmatiserend' te werk te gaan. Zulke termen worden gebruikt om eufemistisch aan te geven dat autochtone Nederlanders in Kollum tweederangsburgers zijn en per definitie eerder verdacht. De Vries deed wat hij als verslaggever hoorde te doen: hij liet de foto zien van een door Interpol als 'verdacht' aangemerkte meneer van allochtone afkomst.

Volgens Ahmed Aboutaleb in *Trouw* had De Vries dat niet mogen doen. Ik citeer uit *Trouw* van 29 oktober jl.: 'Peter R. de Vries en *de Telegraaf* publiceerden de foto's van wat zij de dader en de getuige noemden. De politie werd zo bijna gedwongen een onderzoek in de richting van de twee mannen te noemen.'

Ook concludeerde Aboutaleb dat de Iraakse verdachte, indien nog woonachtig in Nederland, Peter de Vries zou hebben kunnen aanklagen (en winnen). Klopt niet! Als die Iraakse meneer niet halsoverkop de dag na de moord op juffrouw Vaatstra het land verlaten had, was er voor De Vries geen reden geweest de foto van deze (alweer volgens Interpol) verdachte voor de camera te tonen. Ik vraag me af wat er zou gebeuren als De Vries *Trouw* voor de rechter zou dagen wegens smaad en poging tot berufsverbot? Peter R. draagt wel een snor maar ziet er niet naar uit dat de zegen van Allah over hem afgeroepen is. Vermoedelijk maakt hij dus geen kans bij onze wakkere rechters, die nu eenmaal in blanke buurten wonen en nooit een asielzoekerscentrum om de hoek treffen. De Vries wel, gek genoeg. Dat is niet bevorderlijk voor de waarde van zijn huis, maar verder geen klachten. Juffrouw Vaatstra werd tijdens de worsteling die het licht in haar ogen doofde van achteren verkracht, dat wil zeggen, anaal gepenetreerd. Als ik mijn fluisterende insider bij het OM mag geloven, duidt zulks wederom op allochtone herkomst.

Ik zou 't zelf niet durven zeggen.

De Vries vermoedelijk evenmin.

Laat ons zeggen: u hebt dit niet gelezen.

Trouw weet bij voorbaat beter en laat geen middel ongemoeid om een journalist die doet wat het blad zelf nalaat - feiten melden - verdacht te maken. Een voormalig verzetsblad als spreekbuis van de Vijfde Colonne die feiten verdraait om allochtone moordenaars vrijuit te doen gaan; 't heeft wel wat!

Trouw, misschien wel de corruptste krant van Nederland.

Helemaal in orde

Sylvain Ephimenco kwam in Frankrijk niet aan de bak en probeerde 't daarom in Nederland. Het dagblad *Trouw* dacht met hem iets van de zogeheten Franse esprit in de kolommen te halen, een misverstand. Als ik *Trouw* met een knipoog naar haar eigen, wervend bedoelde slagzin 'misschien wel de corruptste krant van Nederland' noem, citeert de grote denker in hetzelfde blad gretig de laatste regel in mijn stukje van verleden week om te kunnen bewijzen hoe slecht mijn karakter is. Dat is het zeker, maar waar Ephimenco wijselijk geen melding van maakt, was de reden waarom ik zijn sufferdje aldus omschreef.

Dat was dus niet vanwege mijn onderhoud in *Trouw's* rubriek 'De Tien Geboden' verleden zaterdag, maar vanwege de manier waarop het dagblad misdaadverslaggever Peter R. de Vries belastert en diens ingezonden brieven om daartegen te protesteren, verminkt afdrukt. Ik heb 't al eerder beweerd, vrije meningsuiting is onlosmakelijk verbonden met het recht op domheid, dus wie ben ik om Ephimenco zijn gekwebbel euvel te duiden? Je zou kunnen zeggen dat zijn reactie op de gebeurtenissen in Kollum van een typisch Franse arrogantie getuigde: neerbuigend over plattelanders en de plank wel heel droefgeestig misslaand in de vergelijking die hij trok tussen Le Pen en vader Vaatstra. Maar in de politiek-correcte gemeente worden wel vaker domme dingen beweerd en dat geschuimbek tegen de vader van een vermoord meisje duidde nog eens precies aan waarom Nederlanders tweederangsburgers zijn geworden in eigen land. *Trouw* - opgericht tijdens 1940-1945 om stem te geven aan het protesterend christelijk volksdeel - vertolkt bij monde van Ephimenco nu het gekwaak van de Vijfde Colonne die meent dat asielzoekers niet als verdachten mogen worden aangemerkt door Justitie. De middelen die de In-Orde-apostelen van 1999 hanteren, staan in geen vergelijk met die van de Duitse onderdrukkers toen. Maar 't is fascinerend te zien hoe gretig krabbelaars als Sylvain meedeinen op de hypocriete verontwaardiging over een dorp dat niet langer geterroriseerd wenst te worden door ongenode buitenlanders.

Ephimenco heeft veel uitroeptekens nodig, maar z'n argumenten in de zaak Kollum deugen niet en meneers stukjes zijn het sprekende bewijs hoe kwaadaardig de hetze is in *Trouw*. De Vries toonde in zijn televisieprogramma de foto van een Irakees die door Interpol over de hele wereld verspreid was als portret van een mogelijke moordenaar. Dat *Trouw* vervolgens een grote muil aan het woord laat die zichzelf Directeur noemt van een door de Nederlandse belastingbetaler gefinancierd 'Buitenlanderscentrum' - om De Vries ervan te beschuldigen 'racistische' motieven te hebben en Justitie op te roepen tot vervolging van een verslaggever -, laat nog eens zien hoe onzuiver de discussie bij het blad gevoerd wordt. 't Is wat mij betreft altijd weer verrassend om te zien hoe het geblèr om 'maatregelen' bij Ephimenco en consorten - 'maatregelen' die altijd censuur opleveren en onderdrukking van het Vrije Woord - juist bij een voormalige verzetscourant als navolgenswaardig wordt afgedrukt.

Desgevraagd antwoordde Ephimenco dat als zijn dochter vermoord zou worden door een buitenlander, hij die moordenaar niet om zeep zou willen helpen. Dat is een te respecteren mening, maar de omgekeerde evenzeer. Het belasteren van Peter de Vries, die als eerste de vraag stelde waarom Justitie het asielzoekerscentrum in Kollum niet meteen bezocht, is erger dan onnozel. Ephimenco en *Trouw* bidden om een autochtone moordenaar teneinde alsnog hun morele gelijk te halen.

Wie weet krijgen ze hun zin, maar dat maakt De Vries' gelijk niet minder.

PS Dinsdagmorgen.
Ik lees net bij Ephimenco dat Brusselmans 'lang slierthaar'

heeft dat ruikt naar 'zuur en olievet' en dat zijn adem riekt naar 'de ingewanden van een dioxinekip'. Brusselmans krijgt in de mond gelegd: 'In mijn eentje heb ik het begrip vrijheid van meningsuiting definitief gedevalueerd en Vlaanderen belachelijk gemaakt.'

Need I say more?

Hoe belachelijk is de krant die deze *Feldwebel* der Gedachtepolitie als serieus te nemen columnist presenteert.

Alle zegen komt van boven

Vermoedelijk is een zucht van verlichting opgegaan bij het Openbaar Ministerie toen de DNA-proef 'onschuldig' uitwees. En wie ben ik om dan vol te houden dat de dader toch in het asielzoekerscentrum gevonden moet worden. Maar de boven-ons-gestelden hebben er alles aan gedaan om het gevoel te voeden dat autochtone Nederlanders tweederangs zijn. Om duistere redenen durfde het OM niet binnen 24 uur na de moord op mejuffrouw Vaatstra te gaan zoeken bij de asielzoekers en om nog duisterder redenen meent het OM dat de tijd uitgerekend nu rijp is in Kollum op zoek te gaan naar tenlasteleggingen wegens 'racisme'. Geen wonder dus dat het tumult voorlopig niet zal luwen. De grote denker Ephimenco vergeleek in *Trouw* de vader van het vermoorde meisje met Le Pen. Dat was een onzindelijke opmerking die alleen kan voortkomen uit de koker van iemand die geen idee heeft in welk land ie leeft. Niet dat Nederland minder racistisch is dan Frankrijk, maar de vader van een vermoord meisje meteen maar vergelijken met de Gallische Führer getuigt van een perfide onnozelheid die zelfs in geval van *Trouw* je ogen doet knipperen. Meneer Ephimenco huilt mee met de politiek-correcte wolven in het bos en je mag niemand het recht ontzeggen zijn aangeboren domheid in volle glorie te tonen. Waarschijnlijk meent *Trouw* met hem 'een prikkelende columnist' in huis te hebben. Mocht een van zijn dochters de keel worden afgesneden, dan zal het OM - geheel conform de eisen van pappa - geen asielzoeker lastigvallen met het vooronderzoek. Ephimenco of de racistische beroepsneger Sanders en nog zo wat typjes lezen, bezorgt je spit van het buigen voor de pygmeeën.

't Is een mooi gezicht om de alom bejubelde 'multiculturele samenleving' zo te zien verworden tot een travestie van een fraai ideaal.

Vastgesteld moet worden dat de ouders van de vermoorde inderdaad tweederangsburgers zijn in de ogen van Justitie; eenregelige briefjes, draaien en liegen als 't gaat om de vraag of asielzoekers geen verdachten mogen zijn en veel misplaatste dienstklopperij jegens de onverstandigen die in het openbaar durven uitleggen dat ze hun buik vol hebben van het eeuwige voortrekken van allochtonen en asielzoekers.

Hoe zal 't verdergaan na Kollum?

Ik wrijf m'n ogen uit.

Zelfs bij de ingezonden brieven van *de Volkskrant* lees je, naast wat rituele verontwaardiging over het eierstruif, een hoop misbaar over Justitie. 't Is of een vezel is geraakt in het vaderlandse collectief onderbewuste. En de razernij blijkt nog veel groter dan vermoed. Dat is niet iets om blij over te zijn.

Begrijpelijk wordt 't wel.

Wij mogen de autoriteiten dankbaar zijn dat ze ook nog de gotspe van het jaar veroorzaakten door hun poging het Kollumse asielzoekerscentrum er permanent doorheen te jassen.

Asielzoekers staan voortaan boven de Wet, de Vaatstra's eronder en zo kan er weer een hoop gemijmerd worden over 'de tweedeling in de samenleving'.

Ik ga maar wat slapen.

Nederland is in justitieel opzicht het achterlijkste land van Europa geworden.

Zulks is het leerzame van de zaak-Vaatstra.

Wie zal uiteindelijk hiervan het meest profiteren?

De opvolger van Janmaat.

Het OM heeft veel bereikt.

Ongeleid Projectiel

Laatst las ik in de zaterdagbijlage van *Het Parool* een vraaggesprek met een meneer die voor de VNU een 'mannenblad' ging leiden. Hij betoonde zich een liefhebber van website 'De Gezonde Roker', vooral van de stukjes die ondergetekende wekelijks optypt. 'Maar ja,' ging het citaat verder, 'hoe hou je Theo van Gogh in de hand? Hoe kan je hem sturen?'

Is dat niet lief?

Je zou kunnen zeggen, een stukjesschrijver wordt gevraagd om zijn verrassende inzichten over dit of dat, niet om zich te laten 'sturen' door een zich noemende hoofdredacteur. Maar die als 'richting geven' vermomde censuur voorziet in een prangende behoefte van vele boven-mij-gestelden.

Voor de aardigheid peins ik nog wel eens hoe 't nu zo heeft kunnen komen. 't Begon allemaal met de grote denker Wim Spijkers, krabbelaar voor *Nieuwe Revu*, die mij belde. 'Wij zijn heel blij met je reportage over Amerika. Eén probleempje. Kan 'likkende deurmat' bij die stewardess eruit? De KLM sponsort ons in verband met de special die we gaan maken over de presidentsverkiezingen; we nodigen twaalf Amerikaanse journalisten uit en zodoende...'

Dit was in de tijd dat *Nieuwe Revu* het harteloze kapitalisme nog bestreed met blote tieten. Enfin, een toon was gezet.

Weg bij *Het Parool*, want Sytze van der Zee kon 't niet laten rooie strepen aan te brengen in een stukje dat ik geschreven had als antwoord aan de strijders Jan Bruinstroop en Max van Praag, die uit naam van het fatsoen en hun maffia-witwasserij Cannon een advertentieboycot tegen de krant hadden afgekondigd vanwege mijn aanwezigheid.

Die gemiste bioscoopladder scheelde *Het Parool* nu eenmaal te veel centjes, en dat begreep ik wel, want de meest hooggestemde commentaren in die krant gingen meestal over hoe zich heldhaftig te gedragen in oorlogstijd, niet zozeer over toepassing van dappere principes in de jaren tachtig.

Nu ja, waar ging 't ook weer over?

Zoiets saais als vrije meningsuiting, daar mag de *Parool*-lezer liever niet mee worden lastiggevallen. De *Parool*-redactie was bijzonder dankbaar dat ik ophoepelde, vooral Matthijs van Nieuwkerk haalde opgelucht adem, een echte professional als je 't mij vraagt. Tegenwoordig lijdt *Het Parool* negentien miljoen verlies per jaar en solliciteert haar hoofdredacteur bij *Nieuwe Revu*. Ik ben nog altijd bijzonder onder de indruk van de hooggestemde commentaren.

Waarna ontslag volgde bij *Panorama*. Dat kwam vanwege Ton Oostveen, een medewerker bij wie de longkanker als uitdijende bloemkool een serie geschreven reisverslagen opleverde waaraan maar geen einde leek te komen; hij ging maar niet dood!

Mijn bijdrage 'Een rokertje gaat er altijd wel in!' kon helaas niet de kolommen halen.

Bij *Folia* moest ik weg omdat ik over mevrouw Eveline Gans geschreven had dat 't dankbaar stemde hoe ik in mevrouws vochtige dromen mijn rolletje spelen mocht naast dokter Mengele. Bij RTL mocht ik geen talkshow doen omdat, zoals Fons van Westerloo mij uitlegde: 'Frits Barend niet in één ruimte wil verkeren met jou.'

Bij de VARA mocht ik geen dramareeks maken ter ere van het jubileum van die omroep omdat, zoals dramaturg Jan Rutger Achterberg uitlegde: 'Sonja gesproken heeft met Vera Keur; jij bent niet goed voor ons imago.'

Bij *HP/de Tijd* moest ik weg vanwege de ergernis die ik op mocht wekken bij de heer Bert Vuijsje. En later, samen met Theodor Holman, weggestuurd bij *Nieuwe Revu* op verzoek van de geweldenaar Wim Spijkers.

Kortom, 't is allemaal te onbenullig voor woorden en het is maar goed dat ik nergens meer aan de bak mag, want de kijkers of lezers zouden mijn gebrek aan fatsoen eens onder ogen krijgen. De lezer dient beschermd te worden, dat is bekend.

Wie dan toch de moeite neemt om wekelijks 'De Gezonde Roker' op te zoeken, moet 't zelf maar weten. Dankzij Karel Gabler, die de website bedacht en opmaakt, strek ik nog iedere week de vingers om iets van dit of dat te vinden. En ik merk aan mezelf dat 't ongeneeslijk is, hoe zonderling ook, een meninkje te willen verkondigen.

Tomas Ross maakte de keuze die hier voor u ligt, met als oogmerk 'zo min mogelijk Holman en Grachtengordel, niet te veel persoonlijk gelul', en daar kon ik me wel in vinden, al beschouw ik een vergelijking met mijn collega-zwarte schaap als een compliment.

Wanneer ik aan drie opgeschoten Marokkanen die me lastigvallen, vraag: 'Hebben jullie nog naar het Kamelen-Journaal gekeken, jongelui?' en een klap voor m'n kanus krijg, is de reactie van omstanders unaniem: 'Eigen schuld/dikke bult!'

Marokkanen!

En zo is 't ook met stukjes schrijven.

Men kan maar beter zijn mond houden, nietwaar?